खिलजीकालीन इतिहास लेखन

खिलजीकालीन इतिहास लेखन

राकेश कुमार

प्रशांत पब्लिशिंग हाउस

प्रथम प्रकाशन—2018

प्रकाशक

प्रशांत पब्लिशिंग हाउस

सी—34, 28 फुटा रोड़ गली न. 3
वेस्ट करावल नगर
दिल्ली—110094
मो : 9810396373, 8826258746
email : prashantpublishinghouse@gmail.com
www.pphbooks.co.in

ISBN :978-93-80565-97-2

मुद्रक
रोशन आफसेट प्रिंटर्स दिल्ली

अनुक्रम

भूमिका

खिलजी वंश या खलजी वंश मध्यकालीन भारत का एक राजवंश था। इसने दिल्ली की सत्ता पर १२६०–१३२० इस्वी तक राज किया। दिल्ली की मुस्लिम सल्तनत में दूसरा शासक परिवार था, हालांकि खिलजी कबीला लंबे समय से अफगानिस्तान में बसा हुआ था, लेकिन अपने पूर्ववर्ती गुलाम वंश की तरह यह राजवंश भी मूलतः तुर्किस्तान का था।

इसके तीन शासक अपनी निष्ठाहीनता, निर्दयता और दक्षिण भारतीय हिंदू राज्यों पर अधिकार के लिए जाने जाते थे। खलजी वंश के पहले सुल्तान जलालुद्दीन फिरोज खलजी, गुलाम वंश के अंतिम कमजोर बादशाह क्यूमर्श के पतन के बाद एक कुलीन गुट के सहयोग से गद्दी पर बैठे। इस पुस्तक की भाषा सरल और सुबोध है।

अध्याय – 1

खिलजी वंश : एक ऐतिहासिक परिचय

खिलजी वंश या खलजी वंश मध्यकालीन भारत का एक राजवंश था। इसने दिल्ली की सत्ता पर १२९०–१३२० इस्वी तक राज किया। दिल्ली की मुस्लिम सल्तनत में दूसरा शासक परिवार था, हालांकि खिलजी कबीला लंबे समय से अफगानिस्तान में बसा हुआ था, लेकिन अपने पूर्ववर्ती गुलाम वंश की तरह यह राजवंश भी मूलतः तुर्किस्तान का था।

इसके तीन शासक अपनी निष्ठाहीनता, निर्दयता और दक्षिण भारतीय हिंदू राज्यों पर अधिकार के लिए जाने जाते थे। खलजी वंश के पहले सुल्तान जलालुद्दीन फिरोज खलजी, गुलाम वंश के अंतिम कमजोर बादशाह क्यूमर्श के पतन के बाद एक कुलीन गुट के सहयोग से गद्दी पर बैठे।

जलालुद्देन उम्र में काफी बड़े थे और अफगानी कबीले का माने जाने के कारण एक समय वह इतने अलोकप्रिय थे कि राजधानी में घुसने तक का साहस नहीं कर सकते थे।

उनके भतीजे जूना खाँ ने दक्कन के हिन्दू राज्य पर चढ़ाई करके एलिचपुर और उसके खजाने पर कब्जा कर लिया और फिर 1296 में वापस लौटकर उन्होंने अपने चाचा की हत्या कर दी। जूना खाँ ने अलाउद्दीन खलजी की उपाधि धारण कर 20 वर्ष तक शासन

किया। उन्होंने रणथंभौर (1301), चित्तौड़ (1303) और मांडू (1305) पर कब्जा किया और देवगिरि के समृद्ध हिन्दू राज्य को अपने राज्य में मिला लिया। उन्होंने मंगोलों के आक्रमण का भी मुंहतोड़ जवाब दिया। अलाउद्दीन के सेनापति मलिक काफूर को 1308 में दक्षिण पर कब्जा कर लिया, कृष्णा नदी के दक्षिण में होयसल वंश को उखाड़ फेंका और सुदूर दक्षिण में मदुरै पर अधिकार कर लिया।

जब 1311 में मलिक काफूर दिल्ली लौटे, तो वह लूट के माल से लदे थे। इसके बाद अलाउद्दीन और वंश का सितारा डूब गया। 1316 के आरंभ में सुल्तान की मृत्यु हो गई। मलिक काफूर द्वारा सत्ता पर काबिज होने की कोशिश उनकी मृत्यु के साथ ही समाप्त हुई। अंतिम खलजी शासक कुतुबुद्दीन मुबारक शाह की उनके प्रधानमंत्री खुसरो खां ने 1320 में हत्या कर दी। बाद में तुगलक वंश के प्रथम शासक गयासुद्दीन तुगलका ने खुसरो खघं से गद्दी छेन ली।

खिलजी : ऐतिहासिक विवाद

खिलजी कौन थे? इस वंश का मूलस्थान कहाँ से था, इस विषय में पर्याप्त विवाद है। कुछ विद्धान इसे तुर्क समझते है तो कुछ के अनुसार ये अफगानिस्तान के खिलाफ क्षेत्र से आए है। इतिहासकार 'निजामुद्दीन अहमद' ने खिलजी को चंगेज खाँ का दामाद और कुलीन खाँ का वंशज, 'बरनी' ने उसे तुर्कों से अलग एवं 'फखरुद्दीन' ने खिलजियों को तुर्कों की 64 जातियों में से एक बताया है।

फखरुंद्दीन के मत का अधिकांश विद्वानों ने समर्थन किया है। चूंकि भारत आने से पूर्व ही यह जाति अफगानिस्तान के हेलमन्द नदी के तटीय क्षेत्रों के उन भागों में रहती थी, जिसे खिलजी के नाम से जाना जाता था।

सम्भवतः इसीलिए इस जाति को खिलजी कहा गया। मामलूक अथवा गुलाम वंश के अन्तिम सुल्तान शमसुद्दीन क्यूमर्स की हत्या के बाद ही जलालुद्दीन फिरोज खिलजी सिंहासन पर बैठा था, इसलिए इतिहास में खिलजी वंश की स्थापना को खिलजी क्रांति के नाम से

भी जाना जाता है। खिलजी क्रांति केवल इसलिए महत्त्वपूर्ण नहीं है कि, उसने गुलाम वंश को समाप्त कर नवीन खिलजी वंश की स्थापना की, बल्कि इसलिए भी महत्त्वपूर्ण है कि खिलजी क्रांति के परिणामस्वरूप दिल्ली सल्तनत का सुदर दक्षिण तक विस्तार हुआ। जातिवाद में कमी आई और साथ ही यह धारणा भी खत्म हुई कि, शासन केवल विशिष्टि वर्ग का व्यक्ति ही कर सकता है।

खिलजी युग

खिलजी मुख्यतः सर्वहारा वर्ग के थे। खिलजी युग साम्राज्यवाद और मुस्लिम शक्ति के विस्तार का युग था। इस क्रांति के बाद तुर्की अमीर सरदारों के प्रभाव क्षेत्र में कमी आई। इस क्रांति ने प्रशासन में धर्म व उलेमा के महत्त्व को भी अस्वीकार कर दिया।

इस प्रकार खिलजी शासकों की सत्ता मुख्य रूप से शक्ति पर निर्भर थी। खिलजियों ने यह सिद्ध कर दिया कि, राज्य बिना धर्म की सहायता से न केवल जीवित रखा जा सकता है, बल्कि सफलतापूर्वक चलाया भी जा सकता है। जलालुद्दीन खिलजी द्वारा राजगद्दी संभालना मामलूक राजवंश के अंत और तुर्क गुलाम अभिजात वर्ग के वर्चस्व का द्योतक है। खिलजी वंश को सामान्यतः तुर्कों का एक कबीला माना जाता है, जो उत्तरी भारत पर मुसलमानों की विजय के बाद यहाँ आकर बस गया। जलालुद्दीन खिलजी ने खिलजी वंश की स्थापना की थी। जलालुद्दीन खिलजी ने गुलाम वंश के अंतिम सुल्तान की हत्या करके खिलजियों को दिल्ली का सुल्तान बनाया। खिलजी वंश ने 1290 से 1320 ई. तक राज्य किया। दिल्ली के खिलजी सुल्तानों में अलाउद्दीन खिलजी (1296–1316 ई.) सबसे प्रसिद्ध और योग्य शासक था।

शासकों के नाम

इसके कुल तीन शासक हुए थे –

- जलालुद्दीन खिलजी

- अल्लाउद्दीन या अलाउद्दीन खिलजी
- शिहाबुद्दीन उमर खिलजी

कुतुबुद्दीन मुबारक खिलजी

गयासुद्दीन खिलजी

अलाउद्दीन खिलजी ने अपने साम्राज्य को दक्षिण की दिशा में बढ़ाया। उसका साम्राज्य कावेरी नदी के दक्षिण तक फैल गया था। उसके शासनकाल में मंगोल आक्रमण भी हुए थे पर उसने मंगोलों की अपेक्षाकृत कमजोर सेना का डटकर सामना किया। इसके बाद तुगलक वंश का शासन आया।

खिलजी वंश के प्रमुख शासक

- जलालुद्दीन खिलजी – (1290–1296 ई.)
- अलाउद्दीन खिलजी – (1296–1316 ई.)
- शिहाबुद्दीन उमर खिलजी – (–)
- कुतुबुद्दीन मुबारक खिलजी – (1316–1320 ई.)
- गयासुद्दीन खिलजी – (1439–1509 ई.), मालवा के खिलजी वंश का द्वितीय सुल्तान।

जलालुद्दीन फिरोज खिलजी

खल्जी (खिलजी) शासन – कुछ इतिहासकार खल्जी को अफगानी मानते हैं किन्तु अधिकांश इतिहासकारों का मानना है कि खिलजी 64 तुर्क जातियों में ही एक थे, किन्तु ये विशेषाधिकार विहीन वर्ग थे और इलवरी वंश के

नस्लवादी नीतियों का शिकार इन्हें बनना पड़ा था। खिलजी वंश की स्थापना का अर्थ था, इलवरी वंश के एकाधिकार का अंत। इसलिए ये इतिहास में खिलजी क्रांति के नाम से जाना जाता है। कुछ इतिहासकारों के अनुसार खिलजी कबीला हेलमन्द नदी के तटीय क्षेत्रों में उन भागों में रहता था जिन्हें खिलजी (खलजी) के नाम से जाना जाता था।

जलालुद्दीन फिरोज खिल्जी (1290–96 ई.)

यह समाना का गवर्नर रहा था और कैकुबाद ने इसे शाइस्ता खां की उपाधि दी थी। वह प्रथम सुल्तान था जिसने कहा कि शासन का आधार शासितों की इच्छा होनी चाहिये। उसकी आंतरिक नीति नरम थी और उसने शासक बनने के बाद बलबन के संबंधियों को उनके पद से नहीं हटाया।

बलबन का एक संबंधी मलिक छज्जु अवध एवं मानिकपुर का गवर्नर बना रहा। इसी तरह फखरूद्दीन भी दिल्ली का कोतवाल बना रहा। शासक बनने के बाद उसने बलबन के सिंहासन पर भी बैठना अस्वीकार कर दिया और दिल्ली में किलखोरी को अपनी राजधानी बनाया। उसकी नरम नीति का सिर्फ एक अपवाद है जब उसने सिदीमौला नामक एक दरवेश को फाँसी दी थी।

दिल्ली के लोगों ने पहले नये खिल्जी शासक जलालुद्दीन फिरोज का स्वागत नहीं किया, क्योंकि वे उसे अफगान वंश का समझते थे। पर स्वर्गीय मेजर रैवर्टी ने यह सिद्ध करने का प्रयत्न किया की खिल्जयों को अफगान या पठान वर्ग में नहीं रखा जा सकता था और उन्हें वे तुर्की उद्भव का बतलाते हैं।

परन्तु तत्कालीन इतिहासकार जियाउद्दीन बरनी का विचार है कि जलालुद्दीन तुर्कों से भिन्न जाति का था। उसका यह भी कहना है कि कैकुबाद की मृत्यु के बाद तुर्कों ने साम्राज्य खो दिया। कुछ आधुनिक लेखक यह सुझाव रखते थे हैं कि खल्जी मूलतः तुर्की उद्भव के थे, परन्तु अफगानिस्तान में लम्बी अवधि तक के कारण

उन्होंने अफगानों के गुणों को अपना लिया था तथा उनमें और तुर्कों में तनिक भी स्नेह न था। जो कुछ भी हो, उन्होंने अपनी शक्ति का स्थापित करने में तत्कालीन राजनैतिक अव्यवस्था से लाभ उठाया। दिल्ली के सरदार एवं नागरिक, आरम्भ में जलालुद्दीन को उतना पसन्द नहीं थे।

अतः उसे किलोखरी को राजधानी बनाना पड़ा। पर, जैसा कि बरनी लिखता है, उसके चरित्र की श्रेष्ठता, उसकी न्याय, उदारता एवं अनुराग से धीरे–धीरे लोगों की नाराजगी दूर हो गयी तथा भूमि पाने की आशा से उसके सरदारों की श्रद्धा, रोष, बढ़ने लगी।

नया सुल्तान गद्दी पर बैठने के समय 70 वर्ष का बूढ़ा आदमी था। वह परलोक की तैयारियों में व्यस्त था तथा वैसे संकटमय काल में अपनी शक्ति धारण करने में काफी सुस्त और कमजोर सिद्ध हुआ। रक्तपात एवं अत्याचार से रहित शासन की प्रवृत्ति के कारण उसने विद्रोहियों तथा अन्य अपराधियों के प्रति अत्यंत अनुचित दयालुता प्रदर्शित की।

जब उसके शासन–काल के द्वितीय वर्ष में बलबन के एक भतीजे तथा कदा के जागीरदार मालिक छज्जू ने बहुत से सरदारों की मदद से उसके खिलाफ विद्रोह कर दिया, तब उसने अनुचित उदारता के कारण, विद्रोहियों को क्षमा कर दिया। सुल्तान की शान्तिमय प्रवृत्ति एवं दयालुता के स्वाभाविक परिणामस्वरूप सरदारों के षडयंत्र पुनः आरम्भ हो गये तथा दिल्ली के राजसिंहासन की सत्ता का आदर होना बन्द हो गया।

ऐसा शासक विजय की प्रबल नीति का अनुसरण नहीं कर सकता था। इस कारण रणथम्भोर के विरुद्ध उसका आक्रमण असफल रहा। सुल्तान दुर्ग पर अधिकार किये बिना ही वहाँ से हट चला, क्योंकि उसका विश्वास था कि– बिना बहुत–से–मुसलमानों की जानों की बलि दिये, यह सम्पन्न नहीं हो सकता था। परन्तु उसे मंगोलों के एक दल के विरुद्ध अधिक सफलता प्राप्त हुई। उनकी

संख्या डेढ़ लाख के लगभग थी तथा उन्होंने 1292 ई. में हलाकू (हुला) के एक पौत्र के अधीन भारत पर आक्रमण किया था। सुल्तान की सेना से बुरी तरह परास्त हो आक्रमणकारियों ने सुलह कर ली। मंगोल सेना को भारत से लौटने की आज्ञा मिल गयी, किन्तु चंगेज के एक वंशज उलगू तथा अन्य बहुतेरों (लगभग 4,000 मंगोलों) ने इस्लाम धर्म स्वीकार कर लिया।

वे दिल्ली के निकट बस गये तथा नव मुस्लिम (नये मुसलमान) कहलाये। यह एक अनुचित छूट थी जिससे आगे चल कर कष्ट हुआ। वे दिल्ली सरकार के उत्पाती पड़ोसी निकले और उसे बड़ी परेशानी में डाला।

ऐसे शान्तिप्रिय सुल्तान की भी अपनी शैय्या पर स्वाभाविक मृत्यु नहीं हुई। यह भाग्य की विचित्र लीला थी कि उसके महत्त्वाकांक्षी भतीजे ने उसे 1296 ई. में मार डाला।

अध्याय – 2

तारीखे–फिरोज शाही तथा अमीर खुसरो

जन्म

अमीर खुसरो का वास्तविक नाम – अबुल हसन यमीनुद्दीन मुहम्मद था। अमीर खुसरो को बचपन से ही कविता करने का शौक था। इनकी काव्य प्रतिभा की चकाचौंध में, इनका बचपन का नाम अबुल हसन बिल्कुल ही विस्मृत हो कर रह गया।

अमीर खुसरो दहलवी ने धार्मिक संकीर्णता और राजनीतिक छल कपट की उथल–पुथल से भरे माहौल में रहकर हिन्दू–मुस्लिम एवं राष्ट्रीय एकता, प्रेम, सौहादर्य, मानवतावाद और सांस्कृतिक समन्वय के लिए पूरी ईमानदारी और निष्ठा से काम किया।

प्रसिद्ध इतिहासकार जियाउद्दीन बरनी ने अपने ऐतिहासिक ग्रंथ तारीखे–फिरोज शाही में स्पष्ट रुप से लिखा है कि बादशाह जलालुद्दीन फीरोज खिलजी ने अमीर खुसरो की एक

चुलबुली फारसी कविता से प्रसन्न होकर उन्हें 'अमीर' का खिताब दिया था जो उन दिनों बहुत ही इजजत की बात थी।

उन दिनों अमीर का खिताब पाने वालों का एक अपना ही अलग रुतबा व शान होती थी। अमीर खुसरो दहलवी का जन्म उत्तर–प्रदेश के एटा जिले के पटियाली नामक ग्राम में गंगा किनारे हुआ था। गाँव पटियाली उन दिनों मोमिनपुर या मोमिनाबाद के नाम से जाना जाता था। इस गाँव में अमीर खुसरो के जन्म की बात हुमायूँ काल के हामिद बिन फजलुल्लाह जमाली ने अपने ऐतिहासिक ग्रंथ 'तजकिरा सैरुल आरफीन' में सबसे पहले कही। अमीर खुसरो की माँ दौलत नाज हिन्दू (राजपूत) थीं। ये दिल्ली के एक रईस अमीर एमादुल्मुल्क की पुत्री थीं। ये बादशाह बलबन के युद्ध मंत्री थे। ये राजनीतिक दवाब के कारण नए–नए मुसलमान बने थे। इस्लाम धर्म ग्रहण करने के बावजूद इनके घर में सारे रीति–रिवाज हिन्दुओं के थे। खुसरो के ननिहाल में गाने–बजाने और संगीत का माहौल था। खुसरो के नाना को पान खाने का बेहद शौक था।

इस पर बाद में खुसरो ने **'तम्बोला'** नामक एक मसनवी भी लिखी। इस मिले जुले घराने एवं दो परम्पराओं के मेल का असर किशोर खुसरो पर पड़ा। जब खुसरो पैदा हुए थे तब इनके पिता इन्हें एक कपड़े में लपेट कर एक सूफी दरवेश के पास ले गए थे।

दरवेश ने नन्हें खुसरो के मासूम और तेजयुक्त चेहरे को देखते ही तत्काल भविष्यवाणी की थी –"आवरदी कसे राके दो कदम। अज खाकानी पेश ख्वाहिद बूद। "अर्थात् तुम मेरे पास एक ऐसे होनहार बच्चे को लाए हो खाकानी नामक विश्व प्रसिद्ध विद्वान से भी दो कदम आगे निकलेगा।

चार वर्ष की अल्प आयु में ही खुसरो अपने पिता के साथ दिल्ली आए और आठ वर्ष की अवस्था तक अपने पिता और भाइयों से शिक्षा पाते रहे। अमीर खुसरो के पहले भाई एज्जुद्दीन (अजीउद्दीन) (इजजुद्दीन) अली शाह (अरबी–फारसी विद्वान) थे। दूसरे भाई

हिसामुद्दीन कुतलग अहमद (सैनिक) थे। तीन भाइयों में अमीर खुसरो सबसे अधिक तीव्र बुद्धि वाले थे।

अपने **ग्रंथ गुर्रतल कमाल** की भूमिका में अमीर खुसरो ने अपने पिता को उम्मी अर्थात् अनपढ़ कहा है। लेकिन अमीर सैफुद्दीन ने अपने सुपुत्र अमीर खुसरो की शिक्षा–दीक्षा का बहुत ही अच्छा (नायाब) प्रबंध किया था। अमीर खुसरो की प्राथमिक शिक्षा एक मकतब (मदरसा) में हुई।

वे छः बरस की उम्र से ही मदरसा जाने लगे थे। स्वयं खुसरो के कथनानुसार जब उन्होंने होश सम्भाला तो उनके वालिद ने उन्हें एक मकतब में बिठाया और खुशनवीसी की महका के लिए काजी असुदुद्दीन मुहम्मद (या सादुद्दीन) के सुपुर्द किया। उन दिनों सुन्दर लेखन पर काफी बल दिया जाता था। अमीर खुसरो का लेखन बेहद ही सुन्दर था।

खुसरो ने अपने फारसी दीवान तुहफतुसिग्र (छोटी उम्र का तोहफा – 671 हिज्री, सन 1271, 16–19 वर्ष की आयु) में स्वयं इस बात का जिक्र किया है कि उनकी गहन साहित्यिक अभिरुचि और काव्य प्रतिभा देखकर उनके गुरु सादुद्दीन या असदुद्दीन मुहम्मद उन्हें अपने साथ नायब कोतवाल के पास ले गए। वहाँ एक अन्य महान विद्वान ख्वाजा इज्जुद्दीन (अजीज) बैठे थे।

गुरु ने इनकी काव्य संगीत प्रतिभा तथा मधुर संगतीमयी वाणी की अत्यंत तारीफ की और खुसरो का इम्तहान लेने को कहा। ख्वाजा साहब ने तब अमीर खुसरो से कहा कि 'मू' (बाल), 'बैज' (अंडा), 'तीर' और 'खरपुजा' (खरबूजा) – इन चार बेजोड़, बेमेल और बेतरतीब चीजों को एक अशआर में इस्तेमाल करो।

खुसरो ने फौरन इन शब्दों को सार्थकता के साथ जोड़कर फारसी में एक स्वयः रचित कविता सुनाई – हर मूये कि दर दो जुल्फ आँ सनम अस्त, सद बैज–ए–अम्बरी बर आँ मूये जम अस्त, चूँ

तीर मदाँ रास्त दिलशरा जीरा, चूँ खरपुजा ददांश मियाने शिकम् अस्त। 'अर्थातः उस प्रियतम के बालों में जो तार हैं उनमें से हर एक तार में अम्बर मछली जैसी सुगन्ध वाले सौ–सौ अंडे पिरोए हुए हैं। उस सुन्दरी के हृदय को तीर जैसा सीधा–सादा मत समझो व जानो क्योंकि उसके भीतर खरबूजे जैसे चुभनेवाले दाँत भी मौजूद हैं।

ख्वाजा साहब खुसरो की इस शानदार रुबाई को सुनकर चौंक पड़े और जी भर के खूब तारीफ की, फौरन गले से लगाया और कहा कि तुम्हारा साहित्यिक नाम तो 'सुल्तानी' होना चाहिए। यह नाम तुम्हारे लिए बड़ा ही शुभ साबित होगा। यही वजह है कि खुसरो के पहले काव्य संग्रह 'तोहफतुसिग' की लगभग सौ फारसी गजलों में यह साहित्यिक नाम हैं।

बचपन से ही अमीर खुसरो का मन पढ़ाई–लिखाई की अपेक्षा शेरो–शायरी व काव्य रचना में अधिक लगता था। वे हृदय से बड़े ही विनोदप्रिय, हसोड़, रसिक, और अत्यंत महत्वकांक्षी थे। वे जीवन में कुछ अलग हट कर करना चाहते थे और वाकई ऐसा हुआ भी। खुसरो के श्याम वर्ण रईस नाना इमादुल्मुल्क और पिता अमीर सैफुद्दीन दोनों ही चिश्तिया सूफी सम्प्रदाय के महान सूफी साधक एवं संत हजरत निजामुद्दीन औलिया उर्फ सुल्तानुल मशायख के भक्त अथवा मुरीद थे।

उनके समस्त परिवार ने औलिया साहब से धर्मदीक्षा ली थी। उस समय खुसरो केवल सात वर्ष के थे। अमीर सैफुद्दीन महमूद (खुसरो के पिता) अपने दोनों पुत्रों को लेकर हजरत निजामुद्दीन औलिया की सेवा में उपस्थित हुए।

उनका आशय दीक्षा दिलाने का था। संत निजामुद्दीन की खानकाह के द्वार पर वे पहुँचे। वहाँ अल्पायु अमीर खुसरो को पिता के इस महान उद्देश्य का ज्ञान हुआ। खुसरो ने कुछ सोचकर न चाहते हुए भी अपने पिता से अनुरोध किया कि मुरीद इरादा करने वाले को कहते हैं और मेरा इरादा अभी मुरीद होने का नहीं है। अतः

अभी केवल आप ही अकेले भीतर जाइए। मैं यही बाहर द्वार पर बैठूँगा। अगर निजामुद्दीन चिश्ती वाकई कोई सच्चे सूफी हैं तो खुद बखुद मैं उनकी मुरीद बन जाऊँगा। आप जाइए।

जब खुसरो के पिता भीतर गए तो खुसरो ने बैठे–बैठे दो पद बनाए और अपने मन में विचार किया कि यदि संत आध्यात्मिक बोध सम्पन्न होंगे तो वे मेरे मन की बात जान लेंगे और अपने द्वारा निर्मित पदों के द्वारा मेरे पास उत्तर भेजेंगे। तभी में भीतर जाकर उनसे दीक्षा प्राप्त करूँगा अन्यथा नहीं। खुसरो के ये पद निम्न लिखित हैं

'तु आँ शाहे कि बर ऐवाने कसरत, कबूतर गर नशीनद बाज गरदद।

गुरीबे मुस्तमंदे बर–दर आमद, बयायद अंदरूँ या बाज गरदद।।'

अर्थातः तू ऐसा शासक है कि यदि तेरे प्रसाद की चोटी पर कबूतर भी बैठे तो तेरी असीम अनुकंपा एवं कृपा से बाज बन जाए।

खुसरो मन में यही सोच रहे थे कि भीतर से संत का एक सेवक आया और खुसरो के सामने यह पद पढ़ा –

'बयायद अंद मरदे हकीकत, कि बामा यकनफस हमराज गरदद। अगर अबलह बुअद आँ मरदे – नादाँ।

अजाँ राहे कि आमद बाज गरदद।।'

अर्थात् – 'हे सत्य के अन्वेषक, तुम भीतर आओ, ताकि कुछ समय तक हमारे रहस्य–भागी बन सको। यदि आगुन्तक अज्ञानी है तो जिस रास्ते से आया है उसी रास्ते से लौट जाए। 'खुसरो ने ज्यों ही यह पद सुना, वे आत्मविभोर और आनंदित हो उठे और फौरन भीतर जा कर संत के चरणों में नतमस्तक हो गए। इसके पश्चात गुरु ने शिष्य को दीक्षा दी। यह घटना जाने माने लेखक व इतिहासकार हसन सानी निजामी ने अपनी पुस्तक

तजकी–दह–ए–खुसरवी में पृष्ठ ६ पर सविस्तार दी है। इस घटना के पश्चात अमीर खुसरो जब अपने घर पहुँचे तो वे मस्त गज की भाँती झूम रहे थे। वे गहरे भावावेग में डूबे थे। अपनी प्रिय माताजी के समक्ष कुछ गुनगुना रहे थे।

आज कव्वाली और शास्त्रीय व उप–शास्त्रीय संगीत में अमीर खुसरो द्वारा रचित जो 'रंग' गाया जाता है वह इसी अवसर का स्मरण स्वरुप है। हिन्दवी में लिखी यह प्रसिद्ध रचना इस प्रकार है – 'आज रंग है ऐ माँ रंग है री, मेरे महबूब के घर रंग है री। अरे अल्लाह तू है हर, मेरे महबूब के घर रंग है री।

मोहे पीर पायो निजामुद्दीन औलिया, निजामुद्दीन औलिया–अलाउद्दीन औलिया। अलाउद्दीन औलिया, फरीदुद्दीन औलिया, फरीदुद्दीन औलिया, कुताबुद्दीन औलिया। कुताबुद्दीन औलिया मोइनुद्दीन औलिया, मुइनुद्दीन औलिया मुहैय्योद्दीन औलिया। आ मुहैय्योदीन औलिया, मुहैय्योदीन औलिया। वो तो जहाँ देखो मोरे संग है री। अरे ऐ री सखी री, वो तो जहाँ देखो मोरो (बर) संग है री।

मोहे पीर पायो निजामुद्दीन औलिया, आहे, आहे आहे वा। मुँह माँगे बर संग है री, वो तो मुँह माँगे बर संग है री। निजामुद्दीन औलिया जग उजियारो, जग उजियारो जगत उजियारो। वो तो मुँह माँगे बर संग है री। मैं पीर पायो निजामुद्दीन औलिया। गंज शकर मोरे संग है री। मैं तो ऐसो रंग और नहीं देखयो सखी री। मैं तो ऐसी रंग।

देस–बदेस में ढूढ़ फिरी हूँ, देस–बदेस में। आहे, आहे आहे वा, ऐ गोरा रंग मन भायो निजामुद्दीन। मुँह मॉगे बर संग है री। सजन मिलावरा इस आँगन मा। सजन, सजन तन सजन मिलावरा। इस आँगन में उस आँगन में। अरे इस आँगन में वो तो, उस आँगन में। अरे वो तो जहाँ देखो मोरे संग है री। आज रंग है ए माँ रंग है री। ऐ तोरा रंग मन भायो निजामुद्दीन। मैं तो तोरा रंग मन भायो निजामुद्दीन। मुँह माँगे बर संग है री। मैं तो ऐसो रंग और नहीं देखी

सखी री। ऐ महबूबे इलाही मैं तो ऐसो रंग और नहीं देखी। देस विदेश में ढूँढ़ फिरी हूँ। आज रंग है ऐ माँ रंग है ही मेरे महबूब के घर रंग है री।

सन 1264 ई. में जब खुसरो केवल सात वर्ष के थे तब इनके बहादुर पिता 85 वर्ष की आयु में एक लड़ाई में शहीद हो गए। तब इनकी शिक्षा का भार इनके रईस नाना अमीर नवाब एमादुलमुल्क रावत अर्ज ने अपने ऊपर ले लिया। इनकी माँ न इन्हें नाजो नियामत से पाला। वे स्वंय पटियाली में रहती थीं या फिर दिल्ली में अमीर रईस पिता की शानदार बड़ी हवेली में नाना ने थोड़े ही दिनों में अमीर खुसरो को ऐसी शिक्षा–दीक्षा दी कि ये कई विधाओं में विभूषित, निपुण, दक्ष एवं पारांगत हो गए।

युद्ध कला की बारीकियाँ भी खुसरो ने पहले अपने पिता और फिर नाना से सीखीं। इनके नाना भी युद्ध के मैदान में अपना जलवा अनेकों बार प्रदर्शित कर चुके थे। वे स्वंय बहुत ही साहसी, बहादुर और निडर थे और खुसरो को भी वैसी ही शिक्षा उन्होंने दी। एमादुलमुल्क खुसरो से अक्सर कहा करते थे कि डरपोक और कमजोर सिपाही किसी देशद्रोही से कम नहीं।

यही वह जमाना अथवा दौर था जब खुसरो अपने समय के बहुत से बुद्धिजीवियों और शासकों से सम्पर्क में आए। खुसरो ने बिना किसी हिचक व संकोच के अनेक सर्वोत्तम गुणों को आत्मसात किया। खुसरो में लड़कपन से ही काव्य रचना की प्रवृत्ति थी। किशोरावस्था में ही उन्होंने फारसी के महान और जानेमाने कवियों का गहन अध्ययन शुरु कर दिया था।

और उनमें से कुछ के अनुकरण में काव्य रचने का प्रयास भी किया था। अभी वह 10 वर्ष के भी नहीं हुए थे कि उन्होंने अपना पहला दीवान (काव्य संग्रह) तुहफतुसिग्र (छोटी उम्र का तोहफा, ६७१ हिज्री सन 1271, 16–19 वर्ष) (जवानी के आरंभ काल में रचित यह दीवान फारसी के प्रसिद्ध कवि अनवरी, खाकानी, सनाई आदि

उस्तादों से प्रभावित है। इसकी भूमिका में बचपन की बातें, जवानी के हालात का जिक्र है तथा प्रत्येक कसीदे के आरम्भ में शेर है जो कसीदे के विषय को स्पष्ट करता है।

इन तमाम शेरों को जमा करने से एक कसीदा हो जाता है जो खुसरो की ईजाद है। ये जयादातर सुल्तान गयासुद्दीन बलबन और उसके बड़े बेटे सुल्तान नसीरुद्दीन की प्रशंसा में लिखे गए हैं। एक तरकीब बंद में अपने नाना इमादुल मुल्क का मर्सिया लिखा है जो सुल्तान गयासुद्दीन के करीबी सलाहकारों और हमराजों में से एक थे। उनके पास कई नाजुक व गुप्त सियासी जानकारियाँ व सूचनाएँ रहती थीं।

इस ग्रंथ में खुसरो ने अपना तखल्लुस या उपनाम सुल्तानी रखा है।) पूर्ण कर लिया। बावजूद इसके कि अमीर खुसरो ने कुछ फारसी कवियों की शैली का अनुक्रम करने का प्रयत्न किया था उनकी इन कविताओं में भी एक विशेष प्रकार की नवीनता और नूतनता थी। इस पर उनकी अभिनव प्रतिभा की स्पष्ट छाप है।

उस समय खुसरो केवल एक होनहार कवि के रुप में नहीं उभरे थे बल्कि उन्होंने संगीत सहित उन तमाम विधाओं का ज्ञान भी भली भाँति प्राप्त कर लिया था जो उस समय और दौर के किसी भी सुसभ्य व्यक्ति के लिए अनिवार्य था। वह एक प्रखर, संवेदनशील, हाजिर जवाब और जीवन्त व्यक्ति थे।

इसी कारण बहुत जल्दी ही, राजधानी में हर एक व्यक्ति के वे प्रेम पात्र बन गए। हर व्यक्ति को उनकी रोचक और आनंदमय संगति प्रिय थी। अमीर खुसरो ने अपनी पुस्तक तुहफतुस्सग्र की भूमिका में स्वंय लिखा है कि – 'ईश्वर की असीम कृपा और अनुकंपा से मैं बारह वर्ष की छोटी अवस्था में ही रुबाई कहने लगा जिसे सुनकर बड़े–बड़े विद्वान तक आश्चर्य करते थे और उनके आश्चर्य से मेरा उत्साह बढ़ता था। मुझे और अधिक क्रियात्मक कविता लिखने की प्रेरणा मिलती थी। उस समय तक मुझे कोई काव्य गुरु नहीं मिला

था जो मुझे कविता की उच्च शिक्षा देकर मेरी लेखनी को बेचाल चलने से रोकता। मैं प्राचीन और नवीन कवियों के काव्यों का गहराई व अति गम्भीरता से मनन करके उन्हीं से शिक्षा ग्रहण करता रहा।' इससे यह साफ स्पष्ट होता है कि कविता करने की प्रतिभा खुसरो में जन्मजात थी तथा इसे उन्होंने स्वंय सीखा, किसी गुरु से नहीं। आशु कविता करना उनके लिए बाँए हाथ का खेल था।

यह भी सर्वमान्य है कि खुसरो सत्रह वर्ष की छोटी आयु में ही एक उत्कृष्ट कवि के रुप में दिल्ली के साहित्यिक क्षेत्र में छा गए थे। उनकी इस अद्भुत काव्य प्रतिभा पर उनके गुरु हजरत निजामुद्दीन औलिया को भी फक्र था। इनका मधुर कंथ इनकी सरस एवं प्रांजल कविता का ंगार था।

जिस काव्य गोष्ठी अथवा कवि सम्मेलन में अमीर अपनी कविता सुनाते थे उसमें एक गम्भीर सन्नाटा छा जाता था। निसंदेह अमीर खुसरो दहलवी जन्मजात कवि थे। इन्होंने कविता लिखने व पढ़ने का ढंग किसी से नहीं सीखा, किन्तु इनके काव्य गुरु खवाजा शमशुद्दीन माने जाते हैं। इसका कारण यह बताया जाता है कि ख्वारिजी ने खुसरो के विश्व प्रसिद्ध ग्रंथ पंचगंज अथवा खम्साऐ खुसरो को शुद्ध किया था।

खम्साऐ खुसरो – या पंचगंज या खुसरो की पंचपदी। अमीर खुसरो की विशाल और सार्वभौमिक प्रतिभा ने 'खुदाए सुखन' अर्थात काव्य कला के ईश्वर माने जाने वाले कवि निजामी गंजवी के खम्स के जवाब में इसे लिखा है।

प्रमुख मसनविया

यह उन्होंने 698 हिज्री से 701 हिज्री के बीच लिखा यानी (1298 ई. – 1301 ई. तक) इसमें कुल पाँच मसनवियाँ हैं –

(१) मतला उल अनवार – निजामी के 'मखजनुल असरार' का जवाब है। 698 हि. 1298 ई. (अर्थात रोशनी निकालने

की जगह) कवि जामी ने इसी के अनुकरण पर अपना तोहफतुल अबरार (अच्छे लोगों का तोहफा) लिखा था। इसमें अधिकांश धार्मिक, नैतिक तथा आध्यात्मिक बातें हैं। इसमें खुसरों ने अपनी इकलौती लड़की को सीख दी है। उम्र 45 वर्ष।

(२) **शीर व खुसरो** – निजामी के खुसरो व शीरीं का जवाब है। 698 हिज्री। सन 1298 ई. उम्र 45। खुसरो ने प्रेम की पीर को तीव्रतर बना दिया है। इसमें खुसरो ने अपने बड़े बेटे को सीख दी है।

(३) **मजनूँ व लैला** – निजामी के लैला मजनूँ का जवाब। 699 हिज्री (1299 ई.) उम्र 45 प्रेम तथा ष्रंगार की भावनाओं का चित्रण।

(४) **आइने सिकंदरी** – निजामी के सिकंदरनामा का जवाब। 699 हिज्री। (सन 1299 ई.) वीर रस। इसमें सिकंदरे आजम और खाकाने चीन की लड़ाई का विस्तृत वर्णन है। इसमें खुसरो अपने सबसे छोटे लड़के को सीख देते हैं। इसमें रोजी कमाने, हुनर (कला) सीखने, मजहब की पाबंदी करने और सच बोलने की वह तरकीब है जो उन्होंने अपने बड़े बेटे को अपनी मसनवी शीरी खुसरो में दी है।

(५) **हश्त–बहिश्त** – निजामी के हफ्त पैकर का जवाब। (1701 हिज्री। 1301 ई.) फारसी की सर्वश्रेष्ठ कृति। इसमें इरान के बहराम चोर और एक चीनी हसीना (सुन्दरी) की काल्पनिक प्रेम गाथा है। कहानी विदेशी है। अतः भारत से संबंधित बातें बहुत कम हैं। इसका वह भाग बेहद ही महत्वपूर्ण है जिसमें खुसरो ने अपनी बेटी को संबोधित कर उपदेशजनक बातें लिखी हैं।

अमीर खुसरो ने स्वंय अपने गुरुओं के नामों का उल्लेख किया

है जिनका उन्होंने अनुसरण किया है अथवा उनका प्रत्यक्ष अथवा अप्रत्यक्ष रुप से इन पर प्रभाव पड़ा है। गजल के क्षेत्र में सादी, मसनवी के क्षेत्र में निजामी, सूफी और नीति संबंधी काव्यक्षेत्र में खाकानी और सनाई एवं कसीदे के क्षेत्र में कमाल इस्माइल हैं। खुसरो की गजलें तो भाव और कला की दृष्टि से इतनी उत्तम हैं कि बड़े–बड़े संगीतज्ञ उन्हें गा गा कर लोगों को आनंद विभोर करते थे। उनमें अनेक स्थलों पर उदात्त प्रेम के दर्शन होते हैं।

इन सभी काव्यों में काव्य का मनोज्ञ रुप हमें दृष्टिगोचर होता है। खुसरो ने स्वयं अपनी कविता की अनेक स्थलों पर प्रशंसा की है। वे अपने दीवान गुर्रतुल कमाल (शुक्ल पक्ष की पहली कलाम की रात) (६९३ हिज्री। सन १२९३ ई. तीसरा दीवान ३४–४३ वर्ष, सबसे बड़ा दीवान, इसकी भूमिका काफी बड़ी एवं विस्तृत है।

इसमें खुसरो ने अपने जीवन संबंधी बहुत सी रोचक बातें दी हैं, कविता के गुण, अरबी से फारसी कविता की श्रेष्ठता, भारत की फारसी अन्य देशों के मुकाबले शुद्ध व श्रेष्ठ हैं, काव्य और छंदों के भेद आदि अनेक बातों पर प्रकाश डाला गया है। इस दीवान में व मसनवियाँ, बहुत सी रुबाइयाँ, कते, गजलें, मरसिये, नता और कसीदे हैं। मसनवियों में मिफताहुल फतूह बहुत प्रसिद्ध है।

मरसियों में खुसरो के बेटे तथा फीरोज खिलजी के बड़े लड़के या साहबजादे महमूद खानखाना के मरसिए उल्लेखनीय हैं। एक बड़ी नात (स्तुति काव्य : मुहम्मद साहब की स्तुति) है जो खाकानी से प्रभावित जरुर है पर अपना अनोखा व नया अंदाज लिए है। कसीदों में खुसरो का सबसे अधिक प्रसिद्ध कसीदा 'दरियाए अबरार' (अच्छे लोगों की नदी) इसी में है। इसमें हजरत निजामुद्दीन औलिया की तारीफ है। अन्य कसीदे जलालुद्दीन और अलाउद्दीन खिलजी से संबंधित है। इसमें अरबी – और तुर्की शब्दों का प्रयोग है।)

अमीर खुसरो गुर्रतुल कमाल की भूमिका में गर्व से, शान से लिखते हैं –

'जब मैं केवल आठ बरस का था मेरी कविता की तीव्र उड़ाने आकाश को छू रहीं थीं तथा जब मेरे दूध के दाँत गिर रहे थे, उस समय मेरे मुँह से दीप्तिमान मोती बिखरते थे।' यही कारण है कि वे शीघ्र ही तूत–ए–हिन्द के नाम से मशहूर हो गए थे। यह नाम खुसरो को ईरान देश के लोगों ने दिया है। यों तो खुसरो में प्रतिभा नैसर्गिक थी तथापि कविता में सर्वतरू सौंदर्य और माधुर्य खवाजा निजामुद्दीन औलिया के वरदान का भी परिणाम माना जाता है। उन्हीं के प्रभाव से खुसरो के काव्य में सूफी शैली एवं भक्ति की गहराई तथा प्रेम की उदात्त व्यंजन उपलब्ध होती है। वास्तव में औलिया साहब के आर्शीवाद ने उन्हें ईश्वरीय दूत ही बना दिया था। इतना असीमित व गहरा प्रेम। अद्भुत।

अमीर खुसरो बहुमुखी प्रतिभा संपन्न व्यक्ति थे। वे एक महान सूफी संत, कवि (फारसी व हिन्दवी), लेखक, साहित्यकार, निष्ठावान राजनीतिज्ञ, बहुभाषी, भाषाविद्, इतिहासकार, संगीत शास्त्री, गीतकार, संगीतकार, गायक, नृतक, वादक, कोषकार, पुस्तकालयाध्यक्ष, दार्शनिक, विदूषक, वैध, खगोल शास्त्री, ज्योतिषी, तथा सिद्ध हस्त शूर वीर योद्धा थे।

सन १२७३ ई. में खुसरो जब बीस वर्ष के थे तब ११३ वर्ष की आयु में उनके नाना एमादुलमुल्क रावत अर्ज का स्वर्गवास हो गया। ऐसे समय में जब कि खुसरो को इतनी अधिक लोकप्रियता मिल रही थी, उनके नाना के देहावसान से उन्हें जीवन का एक अति प्रचंड आघात पहुँचा क्योंकि उनके वालिद तो पहले ही परलोक सिधार चुके थे। अब खुसरो को अपनी रोजी रोटी की चिन्ता हुई।

अतः अब उन्हें अपने लिए एक स्थाई रोजगार खोजने पर विवश होना पड़ा। शीघ्र ही खुसरो को एक स्नेही और उदारचेता संरक्षक प्राप्त हो गया। ये था दिल्ली का सुलतान गयासुद्दीन बलबन का भतीजा अलाउद्दीन मुहम्मद किलशी खाँ उर्फ मलिक छज्जू।

(सन १२७३ ई. कड़ा इलाहबाद का हाकिम) ये अपनी वीरता और

उदारता के लिए विख्यात था। इसकी वीरता के चर्चे सुनकर और वर्च के दवाब के कारणवश प्रसिद्ध और शक्ति संपन्न मंगोल हलाकू ने उसे आधे इराक की गर्वनरी प्रस्ताव दिया था और उसकी स्वीकृति चाही थी। अमीर खुसरो ने उसे एक आदर्श व्यक्ति तथा शासक पाया और दो वर्ष वे उसके राजदरबार में शान बने रहे। मलिक छज्जू भी खुसरो से बड़ी कृपा और प्रेम का व्यवहार करता था। एक बार अमीर खुसरो उसके दरबार में बहुत ही देर से पहुँचे। बादशाह बहुत गुस्से में था क्योंकि कुछ चुगलखोर व खुसरो से जलने वाले दरबारियों ने खुसरो के खिलाफ बादशाह के कान भर दिए थे।

इन दरबारियों ने बादशाह को भड़का दिया कि आजकल खुसरो अपने गुरु निजामुद्दीन औलिया की सेवा में अधिक समय व्यतीत करते हैं और राजदरबार से उन्हें कोई मतलब नहीं। बादशाह ने जरा सख्ती से खुसरो से दरबार में देर से आने का कारण पुछा।

खुसरो ने अपने विनोद प्रिय, चुलबुले स्वभाव व हाजिर जवाबी का सबूत देते हुए तुरन्त बादशाह की तारीफ और प्रश्न के जवाब में एक फारसी का चुलबुला व हास्यजनक कसीदा सुनाया। ये है – ''सुभा राव गुफ्तम कि खुर्शीद अद खुजास्त, आस्मां रुहे मलिक छज्जो नमोद।''

अर्थात् – आज जब मैं घर से दरबार के लिए बाहर निकला तो मेरी सुबह से मुलाकात हो गई। मैंने सुबह से पूछा कि बता तेरा सूरज कहाँ है? तो आसमान ने मुझे मलिक छज्जू की सूरत दिखा दी। 'यह वाकया कसीदे के रुप में सुनकर बादशाह के चेहरे पर अचानक ही मुस्कुराहट आ गई और उसका सारा गुस्सा काफूर हो गया। दरबारियों के मुँह से भी वाह निकली।

अमीर खुसरो से जलने वाले समस्त दरबारी बहुत ही मायूस हुए तथा हतप्रभ रह गए। बादशाह ने प्रसन्न होकर अमीर खुसरो को दरबार में देर से आने के लिए माफ ही नहीं किया बल्कि इस हास्यजनक किस्से को सुनाकर हँसाने के लिए इनाम भी दिया।

मलिक छज्जू के राजदरबार में खुसरो केवल दो वर्ष ही टिक पाए।

हुआ यूँ कि एक रात शहनशाह हिन्दुस्तान गयासुद्दीन बलबन का बड़ साहबजादा, 'बुगरा खाँ' मिलने आया मलिक छज्जू से। उसने तत्काल फरमाइश की, 'मेरे अजीज भाई छज्जू तुम्हारा बड़ा नाम है। अरे एक से एक नामवर तुम्हारे सामने गर्दन झुका कर बैठता है। सूरमाँ, गवैये और शायर भी। हम भी तो जरा इसकी झलक देखें। यह सुनकर मलिक छज्जू ने हुक्म दिया – 'यमीनुद्दीन खुसरो अपना कलाम पेश करें, हमारे मेहमाने अजीज के सामने'। तब अमीर खुसरो ने अपनी एक ताजा फारसी की गजल सुनाई –'सर इन खदुदु जुई न दौरत की तिदौरी। इन नरगिसी जौबई न दौलत कि तिदौरी। इ नुशते अमा जुल खबमा श्यास खरामा इन हल्केई गेसूई न दौरत की तिदौरी।'

अर्थात – तेरी इन नरगिसी आँखों और काली हसीन जुल्फों के आगे दौलत क्या चीज है। यह मधुर व कर्णप्रिय गजल सुनकर बुगरा खाँ बोला – 'वाह ! अरे ऐसे हीरे लिए बैठे हो जाने ब्रादर। अरे ऐसे आबदार हीरे मोती तो हमारे खजाने में भी नहीं। हम बहुत खुश हुए। अशर्फियों की ये थाल हमारी ओर से शायर खुसरो को ससम्मान दिया जाए।

खुसरो अभी तो हम सफर में हैं, खुद ही मेहमान हैं। कभी हमारी तरफ समाना आओ तो तुम्हें और भी इनाम देंगे। क्यों मेरे भाई छज्जो तुम्हें नागवारा तो नहीं गुजरा कि तुम्हारे दरबारी शायर को हमारी सरकार की ओर से इनाम दिया जाए। और वो भी तुम्हारी मौजूदगी में तथा तुमसे बिना पूछे।'

ऊपर से तो मलिक छज्जू ने कह दिया कि उसे बुरा नहीं लगा पर अंदर से उसे अमीर खुसरो पर बेहद गुस्सा आया कि उसके दरबार में बिना उसकी इजाजत के अमीर खुसरो ने दूसरी सरकार से ईनाम लिया। कड़ा के होने वाले सूबेदार मलिक छज्जू की कड़ी नजरें अमीर खुसरो ने पहचान ली थीं।

इससे पहले कि मलिक छज्जू के गुस्से का तीर, खुसरो को निशाना बनाता, वे तीर की तरह उसकी कमान से निकल गए और सीधे बलबन के छोटे लड़के बुगरा खाँ (सन 1276 ई.) के यहाँ गए जो मुलतान (पंजाब) के निकट सामाना में बलबन की छावनी का शासक व संरक्षक था जो अब मौजूदा दौर में पटियाला (पंजाब) में है। बुगरा खाँ ने अमीर खुसरो को अपना 'नमीदे खास' (मित्र) बना कर रखा। बुगरा खाँ ने खुसरो को बुलबले–हजार–दास्तान की उपाधि दी। मौज–मस्ती, शरो–शायरी, किताबखानी और शग्ले जवानी के रात–दिन चल रहे थे कि अचानक ही बंगाल से बगावत की खबर आई। बुगरा खाँ ने कहा – 'सामाने शफर को रुख करो। तख्ते देहली से यह हुक्म पहुँचा है कि पंजाब की फौज ले कर बंगाल पहुँचो। हम खुद लश्कर ले कर जाएँगे।

शायर खुसरो साथ जाऐगा। फिर सामाना से लखनऊ की ओर कूच करेंगे। 'मैदाने जंग में भयंकर युद्ध हुआ। जितनी जबरदस्त बगावत थी उतनी ही बेरहमी से कुचली गयी। देहली और पंजाब की फौजों ने खड़े खेत जला दिए। बागियों को गधे की खाल में भरवाकर सरे बाजार जलाया गया। फाँसियाँ, कत्लगाहें हुई। खुद शहजादा बुगरा खाँ ने अपने पिता बलबन से इस बेदर्द, चीड़–फाड़ और अंधाधुंध लूटमार की शिकायत की।

अमीर खुसरो ने अपनी जिंदगी में पहली बार इतने करीब से जंग को देखा तथा उसके दर्द को गहराई से महसूस किया। उन्होंने बड़े पैमाने पर तबाही को महसूस किया। एक कलाकार, शायर, लेखक के नाते उनके नाजुक व भावुक दिल को बहुत दुख हुआ। परन्तु खुसरो के होंठ सिले रहे। इस दर्दनाक मं पर खुसरो ने कुछ नहीं लिखा। उनकी लेखनी मौन रही।

खुसरो जैसे प्रेमी जीव को शायरी का कहाँ होश था? इस खूनी मं में। लखनौती में विजय प्राप्त करने के पश्चात बलबन ने बुगरा खाँ को लखनौती व बंगाल का मार्शल लौ (एडमिनिस्ट्रेटर) मुकर्रर कर के वहीं छोड़ दिया। शाहजादे को सलाह और राय देने के लिए प्रसिद्ध

कवि शमशुद्दीन दबीर को नियुक्त किया गया था। उसने व बुगरा खाँ ने दरबारी शायर खुसरो को बहुत रोका मगर वो हजार बहाने कर के शाही लश्कर के साथ दिल्ली चले आए। अपनी माँ दौलत नाज और गुरु निजामुद्दीन औलिया के कदमों में। खुसरो ने बुगरा खाँ और कलशी खाँ की शत्रुता के कारण वहाँ रहना उचित न समझा और तत्काल सरकारी सेना के साथ दिल्ली चले आए। दिल्ली में इस विजय की खुशी में घर–घर दीप जलाए गए थे।

स्वंय अमीर खुसरो अपने एक दीवान में, इस विषय में विस्तार से लिखते हैं कि – 'माँ की ममता, गुरु का आध्यात्मिक लगाव, और देहली की मोहब्बत, गंगा–जमुना के किनारे मुझे हर जगह से, हर एक कदरदान से खेंच लाती थी। मेरी शायरी तो उड़ी फिरती थी और मैं खुद उड़ फिर कर देहली या पटियाल चला आता था। मगर आखिर घर बढ़ा, खर्चे बढ़े, और दरबारी आना–बान व ठाट–बाट के तो कहने ही क्या?'

इस दौरान अमीर खुसरो की मित्रा हसन सिज्जी देहलवी से हुई। हसन भी फारसी में किवता करता था। उसकी नानबाई की दुकान थी। वह खुसरो की तरह रईस नहीं था पर फिर भी खुसरो ने उसके नैसर्गिक गुण देख कर उससे मित्रता की। ये जग प्रसिद्ध कृष्ण और सुदामा की मित्रता से किसी भी प्रकार कम न थी। समय–समय पर खुसरो ने अपने मित्र के लिए कपट सहे।

इसका जिक्र आगे करेंगे। पहले यह देखें कि यह मित्रता व मुलाकात कैसे हुई? हसन अपनी दुकान पर रोटियाँ बेच रहा था। तँदूर से गरम–गरम गदबादी रोटियाँ थाल में आ रहीं थीं। ग्राहक हाथों हाथ खरीद रहे थे। अमीर खुसरो दुकान के सामने से गुजरे तो उनकी दृष्टि हसन सिज्जी पर पड़ी।

अमीर खुसरो बचपन से ही हँसी–मजाक व शरारत में आनंद लेने वाले बेहद ही विनोद प्रिय व्यक्ति थे। उन्होंने हँसते हुए हसन से पूछा –'नानबाई रोटियाँ क्या भाव दी हैं?' हसन ने भी बहुत सोच

समझ कर तत्काल उत्तर दिया। 'मैं एक पलड़े में रोटी रखता हूँ और ग्राहक से कहता हूँ दूसरे पलड़े में सोना रख। सोने का पलड़ा झुकता है तो रोटी खरीददार को देता हूँ। 'खुसरो ने प्रश्न किया कि ग्राहक गरीब हो तब? हसन ने बेहद ही सहजता से जवाब दिया –'तब आर्शीवाद के बदले रोटी बेचता हूँ।' इस प्रश्नोत्तर के परिणामस्वरुप हसन और खुसरो में ऐसी घनिष्ठ व अटूट मित्रता हुई कि वे जन्म भर साथ–साथ रहे। शरीर दो थे पर आत्मा एक।

इस मित्रता के लिए खुसरो को अनेक लांछन सहने पड़े पर मित्रता में किसी प्रकार की कोई कमी न आई। दोनों मित्रों को गयासुद्दीन बलबन के दरबार में उच्च स्थान मिला। प्रारंभिक दिनों में खुसरो ने बलबन की प्रशंसा में अनेक कसीदे लिखे। दिल्ली लौटने पर गयासुद्दीन बलबन ने अपनी जीत के उपलक्ष्य में उत्सव मनाया। उसका बड़ा लड़का सुल्तान मोहम्मद अहमद (मुल्तान, दीपालपुर की सरहदी छावनी) भी उत्सव में सम्मलित हुआ।

खुसरो को अब दूसरे आश्रयदाता की जरुरत थी। उन्होंने सुल्तान मुहम्मद को अपनी कविता सुनाई। उसने खुसरो की कविताएँ बहुत पसंद की और उन्हें अपने साथ मुलतान ले गया। यह सन १२८१ का वाकया है। वहाँ सिंध के रास्ते सूफियों, दरवेशों, साधुओं और कवियों का अच्छा आना जाना था। मुल्तान में पंजाबी–सिन्धी बोलियाँ मिली–जुली चलती थीं। खुसरो ने यहाँ लगभग पाँच साल शायरी और संगीत के नए–नए तजुर्बे किए। शहजादे की परख गजब की थी। हर कमाल की जी खोल कर तारीफ करता, दिल बढ़ाता था।

सुल्तान मोहम्मद ने ईरान के प्रसिद्ध फारसी कवि शेख सादी को अपने दरबार में आने के लिए आमंत्रित किया। शेख सादी ने अपनी वृद्धावस्था के कारण आने में असमर्थता व्यक्त की और कहा कि हिन्दुस्तान में अमीर खुसरो जैसा कमाल का शायर मौजूद है।

अतः उनकी जगह खुसरो को बुलाया जाए। खुसरो के लिए

सादी की यह सिफारिश उनकी महानता का ही परिचायक है। इससे पता चलता है कि उस समय खुसरो की ख्याति व प्रसिद्धि दूर–दूर तक फैली थी। बीच में खुसरो प्रति वर्ष दिल्ली आते जाते रहे। अंतिम वर्ष मंगोलों के एक लश्कर ने अचानक ही हमला कर दिया। बादशाह के साथ अमीर खुसरो भी अपने मित्र हसन सिज्जी के साथ लड़ाई में सम्मिलित हुए। कितनी रोचक बात है कि एक शायर युद्ध के मैदान में जंग लड़ रहा है।

कहते हैं कि अमीर खुसरो जंग के मैदान में एक हाथ में तलवार तो दूसरे हाथ में किताबदान लिए बड़ी शान से निकला करते थे। खैर, इस युद्ध में दुश्मन की ताकत का पता बहुत देर से चला। हिन्दुस्तानी फौज बेखबरी का शिकार हो गई। हवा पलट गई। शाहजादा जंग के मैदान में मारा गया।

खुसरो और हसन भी मैदाने जंग में गिरफ्तार हुए। एक मंगोल सरदार खुसरो को घोड़े के पीछे दौड़ाता हुआ और फिर घसीटता हुआ हिरात और बलख ले गया। वहाँ खुसरो को कलि में बंदी बना लिया गया। कारागार में रहते समय खुसरो ने अनेक शोक गीत (मर्सिये) लिखे जिनमें मंगोलों के साथ युद्ध करते समय राजकुमार सुलतान मोहम्मद की वीरतापूर्ण मृत्यु का उल्लेख था।

खुसरो ने अपनी कारावास कथा बड़ी ही मार्मिक शैली में लिखी है –'शहीदों के रक्त ने जल की तरह धरती को लीप दिया। कैदियों के चेहरों को रस्सियों से इस तरह बाँध दिया जैसे हार में फूल गूँदे जाते हैं। जीन के तस्मों की गाँठ से उनके सिर टकराते थे और लगाम के फन्दे में उनकी गर्दन घुटती थी।

मुझे जल प्रवाह के समान तेजी से भागना पड़ा और लम्बी यात्रा के कारण मेरे पैरों में बुदबदों की तरह फफोले उठ आए तथा पैर छलनी हो गए। इन मुसीबतों के कारण जीवन तलवार की मूठ की तरह कठोर जान पड़ने लगा। और शरीर कुल्हाड़ी के हत्थे के समान सूख गया। 'दो वर्ष पश्चात किसी प्रकार अपने कौशल और साहस के बल पर अमीर खुसरो शत्रुओं के चुंगल से छूट कर वापस दिल्ली

लौटे। लौटने पर वे गयासुद्दीन बलबन के दरबार में गए और सुलतान मोहम्मद की मृत्यु पर बड़ा करुण मर्सिया पढ़ा। इसे सुनकर बादशाह इतना रोये कि उन्हें बुखार आ गया और तीसरे दिन उसका देहांत हो गया। (सन 1287)।

इसके पश्चात खुसरो दिल्ली में नहीं रहे। अपनी माँ के पास पटियाली ग्राम चले गए। वहाँ कुछ समय चिंतन में बिताया। स्वंय् खुसरो लिखते हैं—मैं इन्हीं अमीरों की सोहबत से कट कर माँ के साए में रहा। दुनियादारी से आँख मूँद कर गरमा गरम गजल लिखी, दोहे लिखे। अपने भाई के कहने से पहला दीवान तोहफतुस्सिग्र तो तैयार हो चुका था। दूसरा दीवान वस्तुल हयात (जिंदगी के बीच का भाग – 684 हिज्री सन 1284) पूरा करने में लगा था।

एक तरफ किनारे पड़ा हुआ दिलों को गरमाने वाली गजलें लिखता रहता था। राग–रगानियाँ बुझाता था। 'वसतुल हयात में 18–24 वर्ष और बत्तीस से तैंतीस साल की उम्र तक का कलाम है। कसीदे ज्यादातर सुलतान मोहम्मद, निजामुद्दीन औलिया, कशलू खाँ, बलबन, कैकुबाद, बुगरा खाँ, शमशुद्दीन दबीर तथा जलालुद्दीन खिलजी की तारीफ में हैं। सुल्तान मोहम्मद पर मर्सिया भी है। कसीदों में खाकानी और कमाल अस्फहानी की काव्य शैली को अपनाने की कोशिश की गई है।

इसके बाद सन 1286 ई. में खुसरो अवध के गवर्नर (सूबेदार) खान अमीर अली सृजनदार उर्फ हातिम खाँ के यहाँ दो वर्ष तक रहे। यहाँ खुसरो ने इन्हीं अमीर के लिए 'अस्पनामा' नामक पुस्तक लिखी। खुसरो लिखते हैं –'वाह क्या सादाब सरजमीं है ये अवध की। दुनिया जहान के फल–फूल मौजूद।

कैसे अच्छे मीठी बोली के लोग। मीठी व रंगीन तबियत के इंसान। धरती खुशहाल जमींदार मालामाल। अम्मा का खत आया था। याद किया है। दो महिने हुए पाँचवा खत आ गया। अवध से जुदा होने को जी तो नहीं चाहता मगर देहली मेरा वतन, मेरा शहर,

दुनिया का अलबेला शहर और फिर सबसे बढ़कर माँ का साया, जन्नत की छाँव। उफ्फो ओ दो साल निकल गए अवध में। भई बहुत हुआ। अब मैं चला। हातिमा खाँ दिलो जान से तुम्हारा शुक्रिया मगर मैं चला। जरो माल पाया, लुटाया, खिलाया, मगर मैं चला। वतन बुलाता धरती पुकारती है।

अब तक अमीर खुसरो की भाषा में ब्रज व खड़ी (दहलवी) के अतिरिक्त पंजाबी, बंगला और अवधी की भी चाश्नी आ गई थी। अमीर खुसरो की इस भाषा से हिन्दी के भावी व्यापक स्वरुप का आधार तैयार हुआ जिसकी सशक्त नींव पर आज की परिनिष्ठित हिन्दी खड़ी है।

सन 1288 ई. में खुसरो दिल्ली आ गए और बुगरा खाँ के नौजवान पुत्र कैकुबाद के दरबार में बुलाए गए। कैकुबाद का पिता बुगरा खाँ बंगाल का शासक था। जब उसने सुना कि कैकुबाद गद्दी पर बैठने के बाद स्वेच्छाचारी और विलासी हो गया है तो अपने पुत्र को सबक सिखाने के लिए सेना ले कर दिल्ली पहुँचा।

लेकिन इसी बीच अमीर खुसरो ने दोनों के बीच शांति संधि कराने में एक महत्वपूर्ण भूमिका निभाई। इसी खुशी में कैकुबाद ने खुसरो को राजसम्मान दिया। खुसरो ने इसी संदर्भ में किरानुस्सादैन (दो शुभ सितारों का मिलन) नाम से एक मसनवी लिखी जो ६ मास में पूरी हुई।

सन 1288 उम्र 34 वर्ष, मूल विषय है बलबन के पुत्र कैकुबाद का गद्दी पर बैठना, फिर पिता बुगरा खाँ से झगड़ा और अंत में दोनों में समझौता। उस समय के रहन सहन, तत्कालीन इमारतें, संगीत, नृत्य आदि के चित्रण। इसमें दिल्ली की विशेष रुप से तारीफ है। अतः इसे मसनवी दर सिफत–ए–देहली भी कहते हैं।

शेरों की भरमार है। अमीर खुसरो अपनी इस मसनवी में लिखते हैं कि कैकुबाद को उनके गुरु निजामुद्दीन औलिया का नाम भी सुनना पसंद नहीं था। खुसरो आगे लिखते हैं –'क्या तारिखी वाकया

हुआ। बेटे ने अमीरों की साजिश से तख्त हथिया लिया, बाप से जंग को निकला। बाप ने तख्त उसी को सुपुर्द कर दिया। बादशाह का क्या? आज है कल नहीं। ऐसा कुछ लिख दिया है कि आज भी लुत्फ दे और कल भी जिंदा रहे।

अपने दोस्तों, दुश्मनों की, शादी की, गमी की, मुफलिसों और खुशहालों की, ऐसी–ऐसी रंगीन, तस्वीरें मैंने इसमें खेंच दी है कि रहती दुनिया तक रहेंगी। कैसा इनाम? कहाँ के हाथी–घोड़े? मुझे तो फिक्र है कि इस मसनवी में अपनी पीरो मुरशिद हजरत ख्वाजा निजामुद्दीन का जिक्र कैसे पिरोऊँ? मेरे दिल के बादशाह तो वही हैं और वही मेरी इस नज्म में न हों, यह कैसे हो सकता है? ख्वाजा से बादशाह खफा हैं, नाराज हैं, दिल में गाँठ है, जलता है।

ख्वाजा निजामुद्दीन औलिया ने शायद इसी ख्याल से उस दिन कहा होगा कि देखा खुसरो, ये न भूलो कि तुम दुनियादार भी हो, दरबार सरकार से अपना सिलसिला बनाए रखो। मगर दरबार से सिलसिला क्या हैसियत इसकी। तमाशा है, आज कुछ कल कुछ।' खुसरो को किरानुस्सादैन मसनवी पर मलिकु ओरा की उपाधि से विभूषित किया गया। सन १२६० में कैकुबाद मारा गया और गुलाम वंश का अंत हो गया।

बीच में कुछ समय के लिए शमशुद्दीन कैमुरस बादशाह बना पर अंततः सत्तर वर्षीय जलालुद्दीन खिलजी सन १२६० में दिल्ली के तख्त पर आसीन हुआ। खुसरो से इसका संबंध पहले से ही था। इन्होंने भी अपने दरबार में खुसरो को सम्मान दिया। ये प्रेम से खुसरो को हुदहुद (एक सुरीला पक्षी) कह कर पुकारते थे।

इन्होंने अमीर की पदवी खुसरो को दी। अब अबुल हसन यमीनुद्दीन 'अमीर खुसरो' बन गए। इनका वजीफा १२,००० तनका सालाना तय हुआ और बादशाह के ये खास मुहासिब हो गए। जलालुद्दीन सत्य, निष्ठा, साधु प्रकृति, विधा एवं कला प्रेमी तथा पारखी था। फारसी कवि खवाजा हसन, संगीतज्ञ मुहम्मद शाह,

इतिहासकार जियाउद्दीन बरनी, संगीतज्ञाएँ फुतूहा, नुसरत नर्तकी, शम्शा खातून और तुर्मती आदि का उनके दरबार से संबंध था। जालालुद्दीन की तारीफ में अमीर खुसरो ने कसीदे लिखे जो गुर्रतुल कमाल में हैं।

खुसरो ने अपनी प्रसिद्ध मसनवी मफ्ताहुल फतूह (विजयों की कंजी) (690 हिज्री सन 1290 ई., उम्र 37 में जलालुद्दीन की चार विजयों का वर्णन, मलिक छज्जू की बगावत और उसको सजा, अवध की जीत, मुगलों को हराना, छाइन की विजय आदि का वर्णन है। इसमें शेरों की भरमार है।

जलालुद्दीन खिलजी ने खुसरो को मुसहफदार (प्रमुख लाइब्रेरियन) और कुरान की शाही प्रति का रक्षक बना दिया। जलालुद्दीन ने अपनी इस अधिक आयु में भी अपनी रुचियों को नहीं बदला था। खुसरो हर शाम उसकी महफिल में एक गजल प्रस्तुत करते और जब साकी जाम भर देता, सुन्दर किशोरी ललनाएँ नृत्य करने लगती तो अमीर खुसरो की गजलें मधुर स्वर लहरियों पर उच्चारित हो उठतीं। लेकिन इसके बावजूद भी खुसरो अपनी सूफी वाले पक्ष से पूर्णतः न्याय करते। खुसरो अपेक्षाकृत एक धार्मिक व्यक्ति थे।

उन्हीं के एक कसीदे से यह विदित होता है कि वे मुख्य–मुख्य धार्मिक नियमों का पालन करते थे, नमाज पढ़ते थे तथा उपवास रखते थे। वे शराब नहीं पीते थे और न ही उसके आदि थे। बादशाहों की अय्याशी से उन्होंने अपने दामन को सदा बचाए रखा। वे दिल्ली में नियमित औलिया साहब की खानकाह में जाते थे फिर भी वे नीरस संत नहीं थे।

वे गाते थे, हँसते थे, नर्तकियों के नृत्य एवं गायन को भी देखते थे और सुनते थे, तथा शाहों और शहजादों की शराब–महफिलों में भाग जरुर लेते थे मगर तटस्थ भाव से। यह कथन खुसरो के समकालीन इतिहासकार जियाउद्दीन बरनी का है। खुसरो अब तक अपने जीवन के अड़तीस बसंत देख चुके थे। इस बीच मालवा में

चित्तौड़ में रणथम्भोर में बगावत की खबर बादशाह जलालुद्दीन को एक सिपाही ने ला कर दी। बगावत को कुचलने के लिए बादशाह स्वंय मैदाने जंग में गया। बादशाह ने जाने से पूर्व भरे दरबार में ऐलान किया–हम युद्ध को जाएँगे। तलवार और साजों की झंकार साथ जाएगी। कहाँ है वो हमारा हुदहुद।

वो शायर। वो भी हमारे साथ रहेगा साये की तरह। क्यों खुसरो?' खुसरो अपने स्थान से उठ खड़े हुए और बोले–'जी हुजूर। आपका हुदहुद साये की तरह साथ जाएगा। जब हुक्म होगा चहचहाएगा सरकार। जब तलवार और पायल दोनों की झंकार थम जाती है, जम जाती है तब शायर का नगमा गूँजाता है, कलम की सरसराहट सुनाई देती है। अब जो मैं आँखों देखी लिखूँगा वो कल सैकड़ों साल तक आने वाली आँखें देखेंगी हुजूर।'

बादशाह खुश हुए और बोले–शाबाश खुसरो। तुम्हारी बहादुरी और निडरता के क्या कहने। मैदाने जंग और महफिलें रंग में हरदम मौजूद रहना। तुम को हम अमीर का ओहदा देते हैं। तुम हमारे मनसबदार हो। बारह सौ तनगा सालाना आज से तुम्हारी तन्ख्वा होगी। सन 1296 ई. में अलाउद्दीन खिलजी ने राज्य के लोभ और लालच में अपने चाचा जलालुद्दीन खिलजी की हत्या कर दी और दिल्ली का राज सिंहासन हड़प लिया।

स्वंय अमीर खुसरो ने एक इतिहासकार के नाते अपने ग्रंथ में इसका वर्णन इस प्रकार किया है–'अरे कुछ सुना अलाउद्दीन खिलजी सुलतान बन बैठा। सुलतान बनने से पहले इसने क्या–क्या नए करतब दिखाए। हाँ वहीं कड़ा से देहली तक सड़क के दोनों तरफ तोपों से दीनार और अशर्फियाँ बाँटता आया।

लोग कहते हैं अलाउद्दीन खून बरसाता हुआ उठा और खून की होली खेलता हुआ तखते शाही तक पहुँच गया। हाँ भई, खल्के खुदा को राजा प्रजा को देखो। लोग अशर्फियों के लिए दामन फैलाए लपके और खून के धब्बे भूल गए। हे लक्ष्मी सब तेरी माया है।'

अलाउद्दीन रिश्ते में जलालुद्दीन का भतीजा और दामाद था। अलाउद्दीन ने खुसरो के प्रति बड़ा उदार दृष्टिकोण अपनाया। खुसरो ने उस काल की ऐतिहासिक घटनाओं का आँखों देखा उल्लेख अपनी गद्य रचना खजाइनुल फतूह (तारीखे–अलाई, 694 हिज्री/711 हिज्री, कन 1294–सन–1211 ई. तक की घटनाएँ। अर्थात फतहों का खजाना। (इस ग्रंथ में देवगिरी, देहली, गुजरात, मालवा, चितौड़ आदि के आक्रमणों एवं विजयों का वर्णन है। साथ ही अलाउद्दीन का शासन प्रबंध, भवन निर्माण, जनता की सुख शांति हेतु उसके द्वारा किए गए यत्न आदि का उल्लेख है। अमीर खुसरो की विशाल और सार्वभौमिक प्रतिमा ने 'खुदाए सुखन' अर्थात 'काव्य कला के ईश्वर माने जाने वाले कवि निजामी गंजवी के खम्स का जवाब लिखा है।

जो खम्साए खुसरो के नाम से मशहूर है। खम्स का अर्थ है पाँच। खुसरो ने यह उन्हीं छंदों में, उन्हीं विषयों पर लिखा है। खुसरो अपने इस खम्से को निजामी के खम्से से अच्छा मानते हैं। कुछ ने इसे एक शेर को निजामी के पूरे खम्से से अच्छा माना है। इसे पंचगंज भी कहते हैं।

इसमें कुल मिलाकर 18000 पद हैं। कुछ लोग यह भी मानते हैं कि इसे खुसरो ने सुलतान अलाउद्दीन खिलजी के कहने पर लिखा है। इसमें बादशाहों की प्रशंसा भी है। इतना ही नहीं इसमें खुसरो ने अपने कवि उचित कर्तव्यों का पालन करते हुए अलाउद्दीन जैसे धर्मा, सनकी, जालिम व हठी बादशाह को जनता की भलाई और उदारता का व्यवहार करने का सुझाव दिया है।

एक स्थान पर खुसरो ने लिखा है कि जब खुदा ने तुझे यह शाही तख्त प्रदान किया तो तुझे भी जनता के कल्याण का ख्याल रखना चाहिए। ताकि तू भी प्रसन्न रहे और खुदा भी तुझसे प्रसन्न रहे। यदि तू अपने खास लोगों पर कृपा करता है तो कर किन्तु उन लोगों की भी उपेक्षा मत कर जो लोग बेचारे भूखे–प्यासे सोते हैं। खुसरो की जलालुद्दीन खिलजी जैसे बादशाहों को ऐसी हिदायद

करना निश्चित ही खुसरो के नैतिक बल का प्रतीक है तथा उनकी दिलेरी का परिचायक है। अमीर खुसरो ने अपना पंचगंज 698 हिज्री से 701 हिज्री के बीच लिखा यानि सन 1298 ई. से 1301 ई. तक। इसमें पाँच मसनवियाँ हैं। इन्हें खुसरो की पंचपदी भी कहते हैं। ये इस प्रकार है।

(१) मतला–उल–अनवार : निजामी के मखजनुल असरार का जवाब है। (698 हि.ध्सन 1298 ई.) अर्थात रोशनी निकलने की जगह। उम्र 45 कवि जामी ने इसी के अनुकरण पर अपना 'तोहफतुल अबरार' (अच्छे लोगों का तोहफा) लिखा था। इसमें खुसरो ने अपनी इकलौती लड़की को सीख दी है जो बहुत सुन्दर थी। विवाह के पश्चात जब बेटी विदा होने लगी तो खुसरो ने उसे उपदेश दिया था– खबरदार चर्खा कभी न छोड़ना। झरोखे के पास बैठकर इधर–उधर न झाँकना।

प्राचीन काल में यह रिवाज था कि जब कोई बादशाह अथवा शाहजादा अपने हमराहों के साथ सैर–सपाटा करने को निकलते थे तो जो भी युवती अथवा कन्या पसंद आ जाती थी तो वह अपने सिपहसालारों के माध्यम से उनके अभिभावक अथवा पति अथवा कन्या के पिता के पास भेज कर कहलवाते थे कि उनकी पुत्री, कन्या अथवा पत्नी को राजदरबार में भेज दें।

यदि कोई तैयार नहीं होता था तो अपने सिपहसालारों के जरिये उसको उठवाकर अपने हरम में डाल देते थे तथा वह पहले बाँदियों के रुप में और बाद में रखैल बन कर रखी जाती थी। अतः वह बादशाहों व शाहजादों की बुरी नजर से उसे बचा कर रखना चाहते थे। अमीर खुसरो ने अपनी बेटी को फारसी के निम्न पद में सीख दी है –

'दो को तोजन गुजाश्तन न पल अस्त, हालते–परदा पोकिंशशे बदन अस्त।

पाक दामाने आफियत तद कुन, रुब ब दीवारो पुश्त बर

दर कुन।

गर तमाशाए–रोजनत हवस अस्त, रोजनत चश्मे–तोजने तो बस अस्त।।

भावार्थ यह है कि – बेटी! चरखा कातना तथा सीना–पिरोना न छोड़ना। इसे छोड़ना अच्छी बात नहीं है क्योंकि यह परदापोशी का, जी ढकने का अच्छा तरीका है। औरतों को यही ठीक है कि वे घर पर दरवाजे की ओर पीठ कर के घर में सुकून से बैठें। इधर–उधर ताक–झाँक न करें। झरोखे में से झाँकने की साध को 'सुई' की नकुए से देखकर पूरी करो।

हमेशा परदे में रहा करो ताकि तुम्हें कोई देख न सके। उपर्युक्त प्रथम पंक्ति में यह संदेश था कि जब कभी आने जाने वाले को देखने का मन करे तो ऊपरी मंजिल में परदा डालकर सुई के धागा डालने वाले छेद को आँख पर लगाकर बाजार का नजारा देखा करो। चरखा कातना इस बात को इंगित करता है कि घर में जो सूत काता जाए उससे कढ़े या गाढ़ा (मोटा कपड़ा) बुनवाकर घर के सभी मर्द तथा औरतें पहना करें।

महात्मा गाँधी जी ने तो बहुत सालों के बाद सूत कातकर खादी तैयार करके खादी के कपड़े पहनने पर जोर दिया था। लेकिन हमारे नायक अमीर खुसरो ने बहुत पहले तेरहवीं–चौदहवीं शताब्दी में ही खादी घर में तैयार करके खादी कपड़े पहनने के लिए कह दिया था।

मतला–उल–अनवार मसनवी पंद्रह दिन की अवधी में लिखी बताई जाती है। इसमें ३३२४ पद हैं। इसका विषय नैतिकता और सूफी मत है। खुदाबख्श पुस्तकालय पटना में इसकी एक पांडुलिपि सुरक्षित रखी है।

(२) शीरी व खुसरो – यह कवि निजामी की खुसरो व शीरी का जवाब है। यह ६९८ हिज्री सन १२९८ ई., उम्र ४५ वर्ष में लिखी गई। खुसरो ने इसमें प्रेम की पीर को तीव्रतर बना दिया है। इसमें

बड़े बेटे को सीख दी है। इस रोमांटिक अभिव्यक्ति में भावात्मक तन्मयता की प्रधानता है। मुल्ला अब्दुल कादिर बादयूनी, फैजी लिखते हैं कि ऐसी मसनवी इन तीन सौ वर्षों में अन्य किसी ने नहीं लिखी। डॉ. असद अली के अनुसार यह रचना अब उपलब्ध नहीं तथा इसकी खोज की जानी चाहिए।

(३) मजनूँ व लैला – निजामी के लैला मजनूँ का जवाब ६९९ हिज्री, सन १२९९ ई. उम्र ४६ वर्ष। प्रेम तथा ॠंगार की भावनाओं का चित्रण। इसमें २६६० पद हैं। इसका प्रत्येक शेर गागर में सागर के समान है। यह पुस्तक प्रकाशित हो चुकी है। कुछ विद्वान इसका काल ६९८ हिज्री भी मानते हैं।

कलात्मक दृष्टि से जो विशेषताएँ मजनूँ व लैला में पाई जाती हैं वें और किसी मसनवी में नहीं हैं। प्रणय के रहस्य, प्रिय व प्रिया की रहस्यमयी बातें, प्रभाव और मनोभाव जिस सुन्दरता, सरलता, सहजता, रंगीनी और तड़प तथा लगन के साथ खुसरो ने इसको काव्य का रुप दिया है, उसका उदाहरण खुसरो के पूर्व के कवियों के काव्यों में अप्राप्य है। हम यहाँ अमीर खुसरो की इस रुमानी मसनवी –'मजनूँ व लैला' का संक्षिप्त वर्णन करते हैं।

मजनूँ के काल्पनिक होने के संबंध में कई कथन वर्णित हैं। इन सबका तात्पर्य यह है कि बनी उम्मिया के खानदान का कोई शहजादा किसी परीरुप सुन्दरी पर आशिक था। अपने प्रेम के रहस्य को छिपाने के लिए वह जो अ' आर दीवानगी में कहता, वह 'मजनूँ' के नाम से कहता। यह सत्य है कि लैला और मजनूँ वास्तव में इस दुनिया में थे। नज्द इनका वतन था।

यह अरब का एक भाग है जो शाम से मिला हुआ है। यह स्थल बहुत ही हरा–भार तथा खूबसूरत वादियों वाला है। इसके हरे–भरे पहाड़ तरह–तरह की खुशबू में महकते हैं। लैला और मजनूँ दोनों भी बनी अमीर नामक कबीले से संबंधित थे। बचपन में दोनों अपने–अपने घर में मवेशी (पशु) चराया करते थे। इस स्थिति में प्रेम भावना ने

सर उठाया। जब दोनो जरा बड़े हुए और उसके हुस्न व खूबसूरती की चारों तरफ जोर–शोर से चर्चा होने लगी तो लैला पर्दानशीन हो गई। मजनूँ को ये नागवारा गुजरा। आखिर वह अब कैसे अपनी प्रियतमा को निहारे। उसके विरह ने मजनूँ के पागलपन को और तेज कर दिया जिसके कारण दोनों की प्रेम कहानी भी आग हो गई। यानी कि मशहूर हो गई। मजनूँ के माता–पिता ने ममता के भाव से लैला के घर शादी का पैगाम भेजा लेकिन लैला के माता–पिता ने बदनामी के डर से शादी से इंकार कर दिया। बदनामी का डर यह था कि मजनूँ कुछ रोजी रोटी कमाता न था और एक आवारा के रुप में पूरे शहर में मशहूर था।

इस इंकार से मजनूँ के संयम का खलिहान जलकर खाक हो गया। मानों उसके अरमानों का गला घोंट दिया गया हो। अंततः और कोई सकारात्मक परिस्थिति की कोई गुंजाइश जब नहीं न आई तब मजनूँ अपने सारे कपड़े फाड़कर दीवाना सा जंगल को निकल गया। वह जंगल में मारा–मारा फिरने लगा।

जंगल में भ्रमर करते हुए प्रेम के चमत्कार प्रकट हुए। प्रेम अग्नि ने इस दिशा में उससे जो दर्द भरे अशआर कहलवाए हैं वे प्रेम की विविध भावनाओं का दपंण है। इस भ्रमण में सहरा के हिरन मजनूँ के खास राजदार थे। पुत्र की इस तबाही और बरबादी से माता–पिता का दिल कुढ़ता था।

एक दफा वह उसको हरमे–मोहतरम में ले गए और कहा कि काबे का गिलाफ थामकर लैला के प्रेम से मुक्ति पाने की प्रार्थना करो। मजनूँ ने गिलाफ पकड़ कर कहा –'ऐ मेरे रब। लैला की मुहब्बत मेरे दिल से कभी न निकालना।

खुदा की रहमत हो उस बंदे पर जो मेरी इस दुआ पर आमीन कहे।' (अरबी शेर का रुपांतर) सितम बलाए सितम यह हुआ कि लैला के कठोर माता–पिता ने उसकी शादी किसी और जगह कर दी। उस समय मजनूँ पर जो संकट का पहाड़ टूट गिरा होगा उसका

वर्णन जरुरी नहीं। लैला की बेचैनी और विकलता ने उसके पति का जीवन दूभर कर दिया। उसने तंगा आ कर उससे संबंध तोड़ दिया। मजनूँ कभी कभार दीवानगी के जोश में अपनी प्रिया की गली में निकल आता और अपने दर्द भरे अशआर से लैला तथा उसके कबीले वालों को तड़पा जाता।

परिणाम स्वरुप लैला ने इसी विरही दशा में अपने प्राण दे दिए। लैला की मृत्यु की दर्द भरी खबर सुनकर मजनूँ कब जीवित रह सकता था। अमीर खुसरो ने अपनी मसनवी में कला की दृष्टि से आवश्यक बातें, हम्द, नात, और मुनाजात आदि के अतिरिक्त कई दिलचस्प शीर्षक कायम किए हुए हैं। इनके किस्से की संक्षिप्त रुपरेखा निम्नलिखित है –

लैला व मजनूँ का पाठशाला में एकत्रित बैठना, प्रेम पाठ की पुनरावृत्ति भेद प्रकट होना, माँ का लैला को उपदेश, पर्दा–नशीनी, मजनूँ का पागलपन, पिता का मजनूँ को समझाकर जंगल से लाना, लैला के यहाँ शादी का पैगाम भेजना, उसके माता–पिता का इंकार करना, कबीले के सरदार नौफिल का लैला के परिवार से लड़ना।

इस लड़ाई में मजनूँ की ओर से कस्बों की दावत, मजनूँ के पागलपन का और बढ़ना, नौफिल की पुत्री से मजनूँ का निकाह, लैला के निकाह की खबर सुनकर मजनूँ को खत लिखना, मजनूँ का उत्तर देना, दोस्तों द्वारा मजनूँ को बाग में ले जाना, परन्तु उसका दीवानगी में भाग खड़ा होना।

मजनूँ का बुलबुल से बातें करना, लैला के कुत्ते से मजनूँ की मुलाकात, लैला का सपने में ऊँटनी में सवार हो कर मजनू के पास पहुँचना, लैला का सखियों के साथ बाग में जाना, मजनूँ के एक मित्र का लैला को पहचान कर दर्द भरे स्वर में मजनूँ की गजल गाना, लैला का विकल हो कर घर लौटना और मृत्यु शैय्या पर फँस जाना, लैला की बीमारी का समाचार सुनकर मजनूँ का उसके पुर्से को आना और उसकी अर्थी देखना, मजनूँ का मस्त होकर गीत गाना, लैला के अंतिम संस्कार के समय मजनूँ का दम तोड़ देना और साथ ही दफन

होना। 'मजनूँ व लैला के किस्से की ऊपर दी हुई रुपरेखा में बड़ी ही सरलता और सहजता है, प्रेम अग्नि तथा विरह का यह अफसाना मन को अति प्रभावित करता है और यह वन भ्रमण की एक आकर्षक दास्तान है।

इसके लिए भगवान की ओर से खुसरो को एक दर्द भरा दिल प्राप्त हुआ था। हजरत निजामुद्दीन औलिया प्रार्थना करते समय उनके हृदय की तड़प का वास्ता देते थे और उनका चिश्ती वंश से संबंधित होना उनके इस उत्साह का कारण था।

मजनूँ की इस दास्तान में गजल की तमाम विशेषताएँ पाई जाती हैं। अतः वास्तववादिता अमीर खुसरो का वैशिष्टय था। मसनवी के हर कस्सि पर हमको सत्य का आभास होता है। खुसरो के काव्य में प्राकृतिक चित्रकारी है। उनकी लेखनी ने जो शब्द चित्र खीचें हैं, वे माना तथा बहजाद का चित्र कोष ही तो है।

(४) आइने–सिकंदरी–या सिकंदर नामा – निजामी के सिकंदरनामा का जवाब (६९९ हिज्रीध्सन १२९९ ई.) इसमें सिकन्दरे आजम और खाकाने चीन की लड़ाई का वर्णन है। इसमें अमीर खुसरो ने अपने छोटे लड़के को सीख दी है।

इसमें रोजीरोटी कमाने, व कुवते बाजू की रोटी को प्राथमिकता, हुनर (कला) सीखने, मजहब की पाबंदी करने और सच बोलने की वह तरकीब है जो उन्होंने अपने बड़े बेटे को अपनी मसनवी शीरी खुसरो में दी है। इस रचना के द्वारा खुसरो यह दिखाना चाहते थे कि वे भी निजामी की तरह वीर रस प्रधान मसनवी लिख सकते हैं।

(५) हशव–बहिश्त– निजामी के हफ्त पैकर का जवाब (७०१ हिज्रीध्सन १३०१ ई.) फारसी की सर्वश्रेष्ठ कृति। इसमें इरान के बहराम गोर और एक चीनी हसीना (सुन्दरी) की काल्पनिक प्रेम गाथा का बेहद ही मार्मिक चित्रण है जो दिल को छू जाने वाली है। इसमें खुसरो ने मानो अपना व्यक्तिगत दर्द पिरो दिया है। कहानी मूलतः विदेशी है अतः भारत से संबंधित बातें कम हैं। इसका वह भाग बेहद

ही महत्वपूर्ण है जिसमें खुसरो ने अपनी बेटी को संबोधित कर उपदेशजनक बातें लिखी हैं। मौलाना शिबली (आजमगढ़) के अनुसार इसमें खुसरो की लेखन कला व शैली चरमोत्कर्ष को पहुँच गई है। घटनाओं के चित्रण की दृष्टि से फारसी की कोई भी मसनवी, चाहे वह किसी भी काल की हो, इसका मुकाबला नहीं कर सकती।

आज के संदर्भ में खुसरो की कविता का अनुशीलन भावात्मक एकता के पुरस्कर्ताओं के लिए भी लाभकारी होगा। खुसरो वतन परस्तों अर्थात देश प्रेमियों के सरताज कहलाए जाने योग्य हैं। उनका सम्पूर्ण जीवन देश भक्तों के लिए एक संदेश है। देश वासियों के दिलों को जीतने के लिए जाति, धर्म, आदि की एकता की कोई आवश्यकता नहीं। अपितु धार्मिक सहिष्णुता, विचारों की उदारता, मानव मात्र के साथ प्रेम का व्यवहार, सबकी भलाई (कल्याण) की कामना तथा राष्ट्रीय एकता की आवश्यकता होती है। इस लेख में उद्घृत खुसरो की विभिन्न मसनवियों के उद्धरणों से यह बात भली–भाँति प्रभावित होती है तथा उनके भारत विषयक आत्यंतिक प्रेम का परिचय मिलता है।

अमीर खुसरो दरबारों से संबंधित थे और उसी तरह का जीवन भी व्यतीत करते थे जो साधारणतया दरबारी का होता था। इसके अतिरिक्त वे सेना के कमांडर जैसे बड़े–बड़े पदों पर भी रहे किन्तु यह उनके स्वभाव के विरुद्ध था। अमीर खुसरो को दरबारदारी और चाटुकारिता आदि से बहुत चिड़ व नफरत थी और वह समय समय पर इसके विरुद्ध विचार भी व्यक्त किया करते थे।

उनके स्वंय के लिखे ग्रंथों के अलावा उनके समकालीन तथा बाद के साहित्यकारों के ग्रंथ इसका जीता जागता प्रमाण है। जैसे अलाई राज्य के शाही इतिहासकार अमीर खुसरो ने 690 हिज्री (1261 ई.) में मिफताहुल फुतूह, 711 हिज्री (1311–12 ई.) में खजाइनुल फुतूह, ७१५ हिज्री (1316 ई.) में दिवल रानी खिज्र खाँ की प्रेम कथा 718 हिज्री (1318–19 ई.) में नुह सिपहर, ७२० हिज्री (1320 ई.) में तुगलकनामा लिखा। इसके अलावा एमामी ने रवीउल

अव्वल 751 हिज्री (मई 1350 ई.) ४० वर्ष की आयु में फुतूहुस्सलातीन, फिरदौसी का शाहनामा, (एमामी ने अमीर खुसरो के ऐसे ग्रंथ भी पढ़े थे जो इस समय नहीं मिलते।

उसने अमीर खुसरो की कविताओं का अध्ययन किया था। जियाउद्दीन बरनी का तारीखें फीरोजशाही ७४ वर्ष की अवस्था में ७५८ हिज्री (1375 ई.) में समाप्त की। चौदहवीं शताब्दी ई. के तानजीर का प्रसिद्ध यात्री अबू अब्दुल्लाह मुहम्मद इब्ने बतूता (737 हिज्री / 1333 ई.) में सिंध पहुँचा।

भारत वर्ष लौटने पर उसकी यात्रा का वर्णन इब्बे–तुहफनुन्नज्जार फी गराइबिल अमसार व अजाइबुल असफार रखा गया। मेंहंदी हुसैन ने इसका नाम रेहला रखा। अनुवाद में केवल अनाइबुल असफार रखा गया है।

मुहम्मद कासिम हिन्दू शाह अस्तराबादी जो फरिश्ता के नाम से प्रसिद्ध है सोलहवीं शती का बड़ा ही विख्यात इतिहासकार है। उसने अपने ग्रंथ 'गुलशने इब्राहीमी' (जो तारीखें फरिश्ता के नाम से प्रसिद्ध है) की रचना 1015 हिज्री (1606–07 ई.) में समाप्त की।

अध्याय – 3

अलाउद्दीन खिलजी का इतिहास एवं बरनी

पितृविहीन अलाउद्दीन खल्जी का पालन पोषण उसके चाचा जलालुद्दीन फिरोज ने किया था। फिरोज अपने इस भतीजे को इतना अधिक प्यार करता था कि उसे अपना दामाद भी बना लिया।

दिल्ली के राजसिंहासन पर बैठने के बाद फिरोज ने उसे इलाहाबाद जिले में स्थित कड़ा की जागीर दे दी। यहीं अलाउद्दीन के दिमाग में महत्त्वाकांक्षा के बीज बोये गये। यह भी हो सकता है कि अपनी सास मलिकाजहाँ तथा अपनी पत्नी के षड्यंत्रों से उत्पन्न घरेलू कष्ट से भी उसे दिल्ली दरबार से अलग शक्ति एवं प्रभाव स्थापित करने की प्रेरणा मिली हो। 1292 ई. में मालवा पर एक सफल आक्रमण तथा भिलसा नगर की विजय से, जिसके लिए उसे कड़ा के अतिरिक्त अवध की जागीर भी पुरस्कार के रूप में मिली, उसकी महत्त्वाकांक्षा और भी बढ़ गयी।

भिलसा में अलाउद्दीन ने देवगिरि के राज्य की अपरिमित सम्पत्ति की अस्पष्ट अफवाहें

सुनी। यह राज्य पश्चिमी दक्कन (डेकन) में फैला हुआ था। तथा इस पर उस समय यादव वंश का रामचंद्रदेव शासन करता था। अलाउद्दीन ने उसे जीतने की ठानी।

अपने इस अभिप्राय को अपने चाचा से गुप्त रख, वह कई हजार अश्वारोहियों को लेकर मध्य भारत एवं विन्ध्य प्रदेश होता हुआ दक्कन की ओर बढ़ा और देवगिरि के सामने पहुंचा। भारत के इस भाग से इस्लाम का सम्पर्क बहुत पहले (अधिक–से–अधिक आठवीं सदी से ही) प्रारंभ हो चुका था। रामचन्द्रदेव ऐसे आक्रमण के लिए तैयार न था।

उसका पुत्र शंकरदेव उसकी अधिकतर सेना के साथ दक्षिण की ओर गया हुआ था। इस प्रकार उस पर बहुत असावधानी की हालत में आक्रमण हुआ। एक निष्फल प्रतिरोध के बाद उसकी हार हो गयी। मजबूर होकर उसे आक्रमण कारी के साथ संधि करनी पड़ी, जिसके अनुसार उसे बहुत बड़ी धनराशि देने का वादा करना पड़ा।

परन्तु अलाउद्दीन कड़ा लौटने को ही था कि शंकरदेव शीघ्रता से देवगिरि लौट आया तथा अपने पिता के रोकने पर भी वह आक्रमणकारियों से जा भिड़ा। अपने उत्साह के कारण आरम्भ में उसे सफलता मिली, परन्तु वह शीघ्र ही पराजित हो गया।

उसकी सेना में सामान्य रूप से भय का संचार हो गया, जिससे उसके अनुचर भारी गड़बड़ी की हालत में विभिन्न दिशाओं में भाग खड़े हुए। रामचंद्रदेव ने दक्षिण भारत के अन्य शासकों से सहायता मांगी, परन्तु उसका कोई फल न निकला। साथ–साथ उसे खाद्य पदार्थों की बड़ी कमी हो गयी। शान्ति के लिए प्रार्थना करने के सिवा उसके पास और कोई चारा न रह गया। पहले से भी अधिक कठोर शर्तों पर संधि हुई।

अलाउद्दीन सोने, चाँदी, रेशम, मोतियों और बहुमिली पठारों

के रूप में लूट का काफी माल लेकर कड़ा लौट गया। खल्जी आक्रमणकारी के इस वीरतापूर्ण आक्रमण से दक्कन की न केवल विशाल आर्थिक क्षति ही हुई बल्कि विन्ध्य–पर्वत के पार के प्रदेशों पर अंतिम मुसलमानी विजय का रास्ता भी खुल गया।

अलाउद्दीन इस सम्पत्ति में हिस्सा बाँटकर दिल्ली के सुल्तान को नहीं देना चाहता था। बल्कि इससे उसकी महत्त्वाकांक्षा का क्षेत्र और भी विस्तीर्ण हो गया। दिल्ली का राजसिंहासन अब उसका लक्ष्य हो गया। बूढ़े सुलतान जलालुद्दीन फिरोज को उसके पदाधिकारियों ने ईमानदारी के साथ सलाह डी।

इनमें खासकर सबसे अधिक खरा चाप भी था। फिरोज अपने भतीजे एवं दामाद अलाउद्दीन के स्नेह में अंधा हो कर उसके बिछाये जाल में जा फँसा। अपने दरबार के एक विश्वासघाती के कहने पर वह आत्मरक्षा का आवश्यक प्रबन्ध किये बिना ही शीघ्र अपने प्रिय भतीजे से मिलने, नाव पर कड़ा की ओर चल पड़ा।

इसी प्रक्रिया में अलाउद्दीन ने अपने एक अनुचर द्वारा जलालुद्दीन खलजी की हत्या करवा दी। इस प्रकार अपनी और सदा शयता के कारण उसे अपनी जान से हाथ धोना पड़ा। अलाउद्दीन के अनुगामियों ने उसके पड़ाव में ही 19 जुलाई, 1296 ई. को उसे सुल्तान घोषित कर दिया। इसके बाद यह आवश्यक हो गया कि अलाउद्दीन अपना पैर दिल्ली में दृढ़ता से जमाये। वहाँ इसी बीच में स्वर्गीय सुल्तान की बेगम मलिका जहाँ ने अपने छोटे पुत्र को रुक्नु इब्राहीम के नाम से राजसिंहासन पर बिठा दिया था।

उसका ज्येष्ठ पुत्र अरकली उसके कुछ कामों से असन्तुष्ट होने के कारण, मुलतान में रह गया था। अलाउद्दीन इस कलह के विषय में सुनकर शीघ्रता से भयानक वर्षा में ही दिल्ली की ओर बढ़ चला। कुछ क्षीण प्रतिरोध के पश्चात् तथा अपने विश्वासघाती अनुचरों के द्वारा त्याग दिये जाने पर इब्राहीम ने

दिल्ली छोड़ दी और अपनी माँ एवं विश्वासी अहमद चाप को ले मुलतान भाग गया।

अलाउद्दीन ने दक्कन से प्राप्त सोना दिल खोलकर बाँटा। इस प्रकार सरदारों, अधिकारियों एवं दिल्लीवासियों को उसने अपने पक्ष में कर लिया। दिल्ली में प्रवेश करने पर 3 अक्तूबर, 1296 ई. को बलबन के लाल महल में उसका राज्याभिषक हुआ। मृत सुल्तान के भगोड़े सम्बन्धियों एवं मित्र मुल्तान में नहीं रह सके। अलाउद्दीन के भाई उलूग खां तथा उसके मंत्री जफर खां ने उन्हें पा लिया।

अरकली खाँ तथा इब्राहीम, अपने बहनोई उलगू खाँ मंगोल तथा अहमदचाप के साथ, दिल्ली ले जाते समय अँधे कर दिये गये। अरकली के सभी पुत्र मार डाले गये। उसे तथा उसके भाई को हाँसी के दुर्ग में बन्द कर दिया गया। मलिकाजहाँ तथा अहमद चाप को कठोर नियंत्रण में दिल्ली में ही रखा गया।

अभी भी अलाउद्दीन की स्थिति अनिश्चित थी। उसे तुर्कों की दुःशीलता राजस्थान, मालवा एवं गुजरात के शासकों का विद्रोहपूर्ण रूख, कतिपय सरदारों के षड्यंत्र (ये सरदार उसी का अनुकरण करने का प्रयत्न कर रहे थे।) तथा मंगोल–आक्रमण की आशंका आदि अनेक प्रतिकूल शक्तियों का सामना करना था परन्तु स्वभाव तथा दृष्टिकोण में अपने चाचा से सर्वथा भिन्न रहने के कारण नये सुल्तान ने दुर्जय स्फूर्ति पूर्वक इन बाधाओं के साथ संघर्ष करने की कोशिश की तथा उसके प्रयत्न सफल हुए।

लेनपुल के अनुसार अलाउद्दीन खिलजी के साथ साम्राज्यवादी विस्तार का 50 वर्षीय इतिहास आरंभ होता है।

बहुत समय से मंगोल आक्रमण दिल्ली सरकार के लिए निरन्तर चिन्ता और भय का कारण बने हुए थे। अलाउद्दीन के

राजसिंहासन पर बैठने के कुछ ही महीनों के अन्दर मंगोलों के एक विशाल दल ने भारत पर आक्रमण कर दिया, परन्तु जफर ने जालंधर के निकट बुरी तरह संहार कर उन्हें पीछे भगा दिया।

सुल्तान के राज्य–कार्य के द्वितीय वर्ष में मंगोल अपने नेता सल्दी के अधीन पुनः उपस्थित हुए। इस बार जफर खाँ ने उन्हें हरा दिया तथा उनके नेता को लगभग दो हजार अनुयायियों के साथ बन्दी बनाकर दिल्ली भेज दिया। परन्तु 1299 ई. में कुतलुग ख्वाजा कई हजार मंगोलों को लेकर भारत में घुस आया। इस बार उनका लक्ष्य लूटपाट न होकर विजय था।

अतः उन्होंने अपनी राह में पड़ने वाले प्रदेशों को नहीं लूटा और न दुर्गों पर आक्रमण ही किया। वे नगर को घेरने के अभिप्राय से दिल्ली के पड़ोस में पहुँच गये। जिसके फलस्वरूप वहाँ बहुत आतंक फैल गया। जफूर खाँ ने, जो उस युग का रूस्तम और उस समय का वीर था, उन पर उत्साह के साथ आक्रमण किया, परन्तु लड़ते–लड़ते मारा गया। उसके ईर्ष्यालु स्वामी को सन्तोष हुआ कि उसे अपमानित हुए बिना उससे छुटकारा मिल गया।

शायद जफर खाँ के पराक्रम से भयभीत होकर ही मंगोल शीघ्र लौट पड़े। उन्होंने भारत पर पुनः आक्रमण किया तथा 1304 ई. में वे अलीबेग एवं ख्वाजा ताश के अधीन अमरोहा तक बढ़ आये। किन्तु अत्याधिक क्षति के साथ उन्हें पीछे हटा दिया गया। उसके शासनकाल का अन्तिम मंगोल आक्रमण 1307–1308 ई. में हुआ। इस बार इकबालमंद नामक एक सरदार सेना लेकर सिन्धु के पार चला आया। परन्तु वह भी हार गया तथा मार डाला गया। बहुत–से मंगोल सेनापति पकड़कर मार डाले गये। अपने सभी आक्रमणों में बार–बार असफल होने से हतोत्साह हो तथा दिल्ली के सुल्तान की कठोर कार्यवाहियों से भयभीत होकर उसके शासनकाल में मंगोल भारत में फिर उपस्थित नहीं

हुए। फलतः उत्तर–पश्चिम सीमा एवं दिल्ली के लोगों ने अब चौन की साँस ली।

मंगोलों को हटाने के अतिरिक्त सुल्तान ने, बलबन की तरह, अपने राज्य को उत्तर पश्चिम सीमा का उत्तम रीति से संरक्षण करने के लिए कुछ प्रतिरक्षात्मक उपाय भी किये। उसने मंगोलों की राह में पड़ने वाले पुराने दुगों की मरम्मत करवायी तथा नये दुर्गों का निर्माण करवाया।

उत्तम सुरक्षा के लिए समाना तथा दीपालपुर की सुदूरवर्ती चौकियों में रखवाली करने वाली सेनाएँ रखीं, जो युद्ध के लिए सर्वदा तैयार रहती थीं। राजकीय सेना को मजबूत बनाया गया। गाजी मलिक ने (आगे चलकर ग्यासुद्दीन तुगलक के नाम से प्रसिद्ध), जिस पर 1305 ई. से पंजाब के शासक के रूप में सीमा की प्रतिरक्षा का भार था, करीब पचीस वर्षों तक योग्यता पूर्वक मंगोलों को रोक रखा।

अलाउद्दीन दिल्ली के निकट बसे हुए नव–मुस्लिमों (नये मुसलमान) के साथ भी कठोरता से पेश आया। वे असन्तुष्ट एवं व्यग्र थे, क्योंकि अपनी अधिवास–भूमि में उनको पद प्राप्त करने अथवा अन्य लाभों की उच्चाकांक्षाएँ पूरी नहीं हुई और जब अलाउद्दीन की सेना गुजरात विजय कर लौट रही थी, तब वे वस्तुतः विद्रोह कर उठे।

सुल्तान ने सभी नव–मुस्लिमों (नये मुसलमानों) को अपनी नौकरी से भी अलग कर दिया। इससे उनका असन्तोष और भी बढ़ गया। निराश होकर उन्होंने सुल्तान की हत्या के लिए षड्यंत्र रचे। परन्तु शीघ्र इस षड्यंत्र का पता चल गया और सुल्तान ने, उन सबका पूर्ण संहार कर डालने की आज्ञा दे कर उनसे भयंकर प्रतिशोध लिया। इस तरह एक ही दिन में बीस से तीस हजार के बीच नव–मुस्लिम (नये मुसलमान) निर्दयता पूर्वक कत्ल कर दिये गये। अलाउद्दीन को अपने शासन–काल के

प्रारम्भिक वर्षों में बराबर सफलता मिलती गयी, इससे उसका दिमाग ही फिर गया। वह अत्यन्त असम्भव योजनाएँ बनाने लगा तथा बिल्कुल बे–सिर–पैर की इच्छाएँ सँजोने लगा।

वह एक नया धर्म स्थापित करना चाहने लगा। विश्वविजेता के रूप में वह सिकन्दर महान् का अनुकरण करने की इच्छा भी रखने लगा। इन योजनाओं में उसने काजी अलाउल्मुल्क (इतिहासकार जियाउद्दीन बरनी के चाचा) से परामर्श लिया। अलाउल्मुल्क पहले कडा में उसका प्रतिनिधि था तथा उस समय दिल्ली का कोतवाल था। उसने तुरन्त ही उसे उसकी योजनाओं की असारता को बतला दिया।

पहली योजना के विषय में काजी अलाउल्मुलक ने कहा कि जब तक संसार कायम है, धर्म प्रवर्त्तक के पद का कभी राजाओं से सम्बन्ध न हुआ है और न होगा ही, यद्यपि कुछ धर्मप्रवर्त्तकों ने राजकाज भी चलाया है। दूसरी योजना के विषय में उसने कहा कि अभी तो हिन्दुस्तान का ही एक बड़ा भाग अविजित है, राज्य पर मंगोलों के आक्रमण का भय है तथा सुल्तान की अनुपस्थिति में राज्य चलाने वाला अरस्तू के समान कोई वजीर भी नहीं है।

इस प्रकार सुल्तान को अपने होश में लाया गया। उसने अपनी पागलपन से भरी योजनाओं का परित्याग कर दिया। किन्तु फिर भी उसने अपने सिक्कों पर अपना उल्लेख द्वितीय सिंकदर के रूप में करवाया।

अलाउद्दीन के शासनकाल में भारत के विभिन्न भागों में मुस्लिम राज्य का शीघ्रता से विस्तार हुआ। सर वुल्सेले हेग का कथन है कि इसके साथ सल्तनत का साम्राज्य काल आरम्भ होता है, जो लगभग आधी शताब्दी तक चलता रहा। 1297 ई. में अलाउद्दीन ने गुजरात के हिन्दू राज्य को जीतने के लिए अपने भाई उलुग खाँ तथा अपने वजीर नसरत खाँ के अधीन एक

बलवती सेना भेजी। गुजरात को कई बार लूटा गया था, परन्तु यह अविजित ही रहा था। उस समय वहाँ का शासक राय कर्णदेव द्वितीय था।

जो एक बधेल राजपूत था। आक्रमणकारियों ने सारे राज्य की रौद डाला और कर्णदेव द्वितीय की रूपवती रानी कमला देवी को पकड़ लिया। राजा तथा उसकी पुत्री देवलदेवी ने देवगिरि के राजा रामचन्द्रदेव के यहाँ शरण ली। उन्होंने गुजरात के समृद्ध बन्दरगाहों को भी लूटा और विशाल परिमाण में लूट का माल तथा काफूर नामक एक युवक हिजड़े को ले आये।

विपुल सम्पत्ति, कमला देवी और काफूर के साथ दिल्ली लौटे। कमला देवी बाद में अलाउद्दीन की प्रिय पत्नी (मल्लिकाजहाँ) बनी। काफूर आगे चलकर राज्य का सबसे प्रभावशाली सरदार हुआ तथा अलाउद्दीन की मृत्यु के पहले और कुछ समय बाद तक इसका असली स्वामी भी बन बैठा।

रणथम्भोर जिसे कुतुबुद्दीन तथा इल्तुतमिश ने जीता था, राजपूतों द्वारा लौटा लिया गया। यह इस समय वीर राजपूत राजा हम्मीर देव के अधीन था। उसने कुछ असन्तुष्ट नव–मुस्लिमों (नये मुसलमानों) को शरण दी थी, जिससे अलाउद्दीन क्रुद्ध हो गया। 1299 ई. में सुल्तान ने अपने भाई उलुग खाँ तथा नसरत खाँ (जो उस समय क्रमशः बियान एवं कड़ा के जागीरदार थे) के अधीन दुर्ग जीतने के लिए सेना भेजी।

उन्होंने झाइन को जीतकर रणथम्भोर के सामने पड़ाव डाल दिया। परन्तु राजपूतों ने शीघ्र ही उनको पराजित कर दिया। नसरत खाँ, एक पाशिब तथा एक गर्गज के निर्माण की देखभाल करते समय दुर्ग की मगरिबी (मंजनीक, ढेलमास) से छूटे हुए एक पत्थर से मारा गया। अपनी सेना की इस पराजय की खबर सुनकर अलाउद्दीन स्वयं रणथम्भोर की ओर बढ़ा। जब वह गढ़ की राह में अपने कुछ ही अनुचरों के साथ तिलपत में शिकार

कर रहा था, तभी उसके भतीजे आकत खाँ ने, कतिपय नये मुसलमानों के साथ मिलकर, उसकी प्रतिरक्षा–रहित अवस्था में उस पर आक्रमण कर उसे आहत कर दिया। परन्तु वह विश्वासघाती शीघ्र ही पकड़ लिया गया और अपने मित्रों सहित मार डाला गया।

इसी समय उमर खाँ और मंजू खाँ, जो क्रमशः अवध एवं बदायू के गवर्नर थे, विद्रोह कर दिया। उसी समय हाजी मौला का भी विद्रोह हुआ। इन विद्रोहों को दबा दिया गया। अलाउद्दीन को सिंहासनच्युत करने के निमित्त किये गये अन्य षड्यन्त्रों का भी शमन कर दिया गया। उसने जुलाई, 1301 ई. में रणथम्भोर के गढ़ को एक वर्ष तक घेरा डालने के बाद बड़ी कठिनाई से जीत लिया। हम्मीर देव तथा नये मुसलमानों को, जिन्हें उसने शरण दी थी, मार डाला गया।

अलाउद्दीन ने वीर गुहिल राजपूतों की भूमि मेवाड़ पर भी आक्रमण करने की व्यवस्था की। प्रकृति ने मेवाड़ को प्रतिरक्षा के पर्याप्त साधन दिये हैं, जिनके बलपर यह अब तक बाहरी आक्रमणों की उपेक्षा करता रहा। यह आक्रमण भी सम्भवतः रणथम्भोर के विरुद्ध किये गये। आक्रमण के सदृश सुल्तान की राज्यविस्तार की महत्त्वाकांक्षापूर्ण इच्छा का फल था।

यदि परम्पराओं का विश्वास किया जाए, तो इसका तात्कालिक कारण था राणा रतन सिंह की अत्यन्त रूपवती रानी पद्मिनी के प्रति उसका मोहित होना। किन्तु इस बात का किसी भी **समकालीन इतिहास अथवा अभिलेखों** में स्पष्ट उल्लेख नहीं है। राणा बन्दी बनाकर सुल्तान के शिविर में ले जाया गया।

परन्तु राजपूतों ने वीरतापूर्वक उसे छुड़ा लिया। राजपूतों का एक छोटा–सा दल अपने दो वीर नेताओं–गोरा तथा बादल–के अधीन चित्तौड़ गढ़ के बाहरी द्वार पर आक्रमणकारियों

को रोकता रहा, किन्तु वे दिल्ली की सेना की सुव्यवस्थित शक्ति के सामने अधिक समय तक न टिक सके। जब और अधिक अवरोध करना असम्भव जान पड़ने लगा, तब उन्होंने अपमान के बदले मृत्यु को पसन्द किया। अलाउद्दीन ने अपने पुत्र खिज्र खाँ को यहाँ का शासक नियुक्त किया और चितौड़ का नाम बदलकर खिज्राबाद कर दिया।

चित्तौड़—विजय के बाद अलाउद्दीन ने मालवा को एक सेना भेजी। मालवा के राजा महलक देव तथा इसके प्रधान कोका ने एक विशाल सेना के साथ उसका सामना किया। परन्तु नवम्बर अथवा दिसम्बर, 1305 ई. में वे हराकर मार डाले गये। सुल्तान का हाजिबे—खास (आत्मीय कर्मचारी) ऐनुल्मुल्क मालवा का शासक नियुक्त हुआ।

इसके बाद मुसलमानों ने उज्जैन, मांडू, धार एवं चंदेरी को जीत लिया। इस तरह 1305 ई. के अन्त तक प्रायः सारा उत्तरी भारत खल्जी साम्राज्य के अधिकार के अधीन हो गया। इससे प्रोत्साहित होकर दक्षिण (दक्कन)—विजय के बारे में सोचा जाने लगा। अपनी विजयों से खिलजी का मनोबल बढ़ गया और वह अपनी तुलना वह पैगम्बर मोहम्मद से करने लगा।

उसने कहा कि जिस तरह से पैगम्बर के चार योद्धा हैं उसी तरह मेरे भी उलूग खाँ, नुसरत खाँ, जाफर खाँ और अलप खाँ चार योद्धा हैं। वह सिकन्दर से भी प्रभावित था और विश्व विजय करना चाहता था। माना जाता है कि अपने सिक्के पर उसने सिकन्दर— ए—सानी खुदवाया।

यद्यपि व्यापार के कारण भारत का पश्चिमी समुद्र—तट मुसलमानों के सम्पर्क में पहले से ही आ चुका था, फिर भी मुसलमानों द्वारा दक्कन की पहली विजय अलाउद्दीन के नेतृत्व में खिल्जियों द्वारा हुई। उसने राजनैतिक एवं आर्थिक कारणों से दक्षिण पर आक्रमण किया था। उसके जैसे महत्त्वाकांक्षी

शासक के लिए उत्तर पर अधिकार करने के पश्चात् दक्षिण पर अपना प्रभाव स्थापित करने का प्रयत्न करना स्वाभाविक ही था। दक्कन की सम्पत्ति भी एक साहसी योद्धा के लिए प्रलोभन की वस्तु थी। विन्ध्य पर्वत के उस पार के भारत की उस समय की राजनैतिक अवस्था ने अलाउद्दीन की सेना लेकर जाने का अवसर प्रदान किया। यह (दक्कन) उस समय चार प्रसिद्ध राज्यों में बँटा हुआ था। पहला था देवगिरि का यादव राज्य जो रामचन्द्रदेव (1271–1309 ई.) नामक एक चतुर एवं योग्य शासक के अधीन था।

पूर्व में तेलंगाना नामक प्रदेश काकतीय वंश के प्रताप रुद्रदेव प्रथम के अधीन था। इसकी राजधानी वारंगल (आंध्रप्रदेश में) थी। आज जिसे मैसूर (कर्नाटक) राज्य कहा जाता है, वह होयशलों के अधीन था। उस समय उनका राजा वीर बल्लाल तृतीय (1292–1342 ई.) था। उनकी राजधानी द्वारसमुद्र थी, जिसे आजकल हलेविड कहते हैं तथा जो सुन्दर मन्दिरों के लिए प्रसिद्ध है।

सुदूर दक्षिण में पांड्यों का राज्य था, जिसे मुस्लिम लेखक मअबर कहते हैं तथा जिसके अन्तर्गत आधुनिक मदुरा, रामनद एवं तिनेवल्ली के जिले हैं। उस समय इस पर मारवर्मन् कुलशेखर (1268–1311 ई.) शासन कर रहा था। उसने वाणिज्य को प्रोत्साहन देकर इसे बहुत समृद्ध बनाया।

कुछ छोटे–छोटे राजा भी थे, जैसे तेलुगु–चोल राजा मन्म–सिद्ध तृतीय जो नेलोर जिले में शासन करता था। कलिंग–गंग राजा भानुदेव, जो उड़ीसा में शासन करता था। केरल राजा रविवर्मन, जो कोल्लम (क्विलन) से शासन करता था तथा आलप राजा बाँकिदेव आलुपेन्द्र, जो मंगलोर में शासन करता था।

दक्षिण के हिन्दू राज्यों के बीच जरा भी मेल–जोल नहीं

था। 1294 ई. में देवगिरि पर अलाउद्दीन के आक्रमण के समय रामचन्द्र देव को इसमें से किसी से कोई सहायता न मिली। कभी–कभी होयशल राजा देवगिरि के रामचन्द्र देव पर आक्रमण कर दिया करते थे।

दक्षिण के राज्यों के बीच जो आन्तरिक कलह था, उसने उत्तर के आक्रमणों को आमंत्रित किया। मार्च, 1307 ई. में अलाउद्दीन ने काफूर के अधीन, जो अब राज्य का मलिक नायब (सेनाध्यक्ष) कहलाता था, एक सेना देवगिरि के रामचन्द्रदेव के विरुद्ध भेजी, क्योंकि उसने पिछले तीन वर्षों से एलिचपुर प्रान्त का कर देना बन्द कर दिया था।

साथ–साथ उसने गुजरात के भगोड़े शासक राय कर्णदेव द्वितीय को शरण भी दी थी। ख्वाजा हाजी (सहायक अरीजे–ममालिक) काफूर का सहायक बना। काफूर मालवा होता हुआ देविगरि की ओर बढ़ा। उसने सम्पूर्ण देश को उजाड़ डाला, बहुत–सा धन लूटा तथा रामचन्द्रदेव को संधि करने के लिए लाचार किया।

रामचन्द्रदेव अलाउद्दीन के पास दिल्ली भेज दिया गया। सुल्तान ने उसके साथ दयापूर्ण व्यवहार किया तथा छः महीने बाद उसे अपने राज्य में वापस भेज दिया। उसके बाद से रामचन्द्रदेव दिल्ली सल्तनत के सामंत के रूप में राज्य करता रहा तथा नियमित रूप से राजस्व दिल्ली भेजता रहा। आक्रमणकारी ने रायकर्ण की कन्या देवल देवी को पकड़ लिया। गुजरात का शासक अल्प खाँ उसे दिल्ली ले गया, जहाँ वह सुल्तान के ज्येष्ठ पुत्र खिजिर खाँ के साथ ब्याह दी गयी।

1303 ई. में अलाउद्दीन ने काकतीय प्रताप रुद्रदेव पर आक्रमण किया था, जो असफल रहा किन्तु यादवों के दर्पदलन के पश्चात् उसे काकतीय राजा को अपने वश में करने तथा उसका धन चूसने के लिए 1307 ई. में दूसरा प्रयत्न करने में प्रोत्साहन मिला। सुल्तान वारंगल के राज्य को अपने साम्राज्य में

मिलाना नहीं चाहता था, क्योंकि अधिक दूरी के कारण उस पर शासन करना एक कठिन कार्य सिद्ध होता।

उसका असली ध्येय था इस राज्य का अपार धन प्राप्त करना तथा प्रतापरुद्रदेव से अपनी अधीनता स्वीकार करवाना। काफूर को, जो इस बार भी आक्रमणकारी सेना का अध्यक्ष था, उसने जो आदेश दिया था, उससे यह स्पष्ट हो जाता है– यदि राय अपना कोष, जवाहरात, हाथी और घोड़े समर्पित करना तथा अगले वर्ष कोष एवं हाथी भेजना स्वीकार कर ले, तो मलिक नायब काफूर इन शर्तों को मान ले और राय को अधिक नहीं दबाए। देवगिरि पहुंचने पर रामचन्द्रदेव ने जो अब वशवर्ती हो चुका था, दिल्ली की सेना की सहायता की।

यही नहीं, बल्कि जब सेना तेलंगाना की ओर बढ़ रही थी, तब उसने उसे एक योग्य रसद्–विभाग भी दिया। प्रतापरुद्रदेव ने वारंगल के दृढ़ किले में अपने को बन्दकर आक्रमणकारियों का प्रतिरोध करने की चेष्टा की। किन्तु किले पर इतनी ताकत के साथ घेरा डाला गया था कि निरुपाय होकर काकतीय राजा को मार्च, 1310 ई. में सुलह की बातचीत आरम्भ करनी पड़ी।

उसने काफूर को एक सौ हाथी, सात हजार घोडे तथा काफी जवाहरात और ढले सिक्के समर्पित किये तथा प्रति वर्ष दिल्ली कर भेजना भी स्वीकार किया। उसके बाद काफूर देवगिरि, धार, एवं झाईं होकर तथा अमीर खुसरों के शब्दों में– कोष के बोझ से कराहते हुए एक हजार ऊँटों पर लूट का बहुत–सा माल लेकर दिल्ली लौट आया।

इन सफलताओं के बाद अलाउद्दीन ने सुदूर दक्षिण के राज्यों को जीतने का निश्चय किया। ये राज्य अपने मन्दिरों के विपुल धन के लिए विख्यात थे। 18 नवम्बर, 1310 ई. को मलिक नायब तथा ख्वाजा हाजी के अधीन दिल्ली से एक विशाल सेना होयसालों के राज्य के विरुद्ध चल पड़ी तथा देवगिरि होकर द्वारसमुद्र पहुँची।

होयसाल राजा वीर बल्लाल तृतीय की राजधानी पर यह पहला हमला आकस्मिक रूप में हुआ। आक्रमणकारियों की प्रबल शक्ति को देखकर उसने उनके सामने हथियार डाल दिये और अपने सभी खजाने दे डाले। इससे संतुष्ट न हो विजयी सेना ने छत्तीस हाथियों पर अधिकार कर लिया तथा मन्दिरों से अत्यधिक सोना, चाँदी, रत्न और मोती लूटे। मलिक नायब ने सारी अधिकृत सम्पत्ति तथा एक होयसाल युवराज को दिल्ली भेज दिया। युवराज 6 मई, 1313 ई. को जनता के महान् हर्षोल्लास के बीच पुनः द्वारसमुद्र पहुँचा किन्तु होयसाल दिल्ली सुल्तान के सामन्त बन गये।

द्वारसमुद्र में बारह दिनों तक ठहरने के पश्चात् मलिक नायब ने अपनी दृष्टि माबर देश की ओर डाली। यह लगभग सम्पूर्ण कोरोमंडल (चोलमंडल) तट एवं क्विलन से लेकर कुमारी अन्तरीप तक पश्चिमी किनारे पर फैला हुआ था। उस समय इस प्रदेश पर पांड्यों का शासन था।

पांड्य राजा कुलशेखर के औरस पुत्र सुन्दर पांड्य तथा उसके अवैध किन्तु प्रिय पुत्र वीर पांड्य के बीच होने वाली भ्रातृघातक युद्ध से मलिक नायब को मदुरा पर आक्रमण करने का अवसर मिल गया, जिसकी ताक में वह बैठा था।

अपने पिता द्वारा पक्षपातपूर्वक वीर पांड्य के उसके उत्तराधिकारी मनोनीत होने पर सुन्दर पांड्य ने क्रुद्ध होकर मई, 1310 के अन्त में राजा की हत्या कर डाली तथा राजमुकुट पर स्वयं अधिकार कर लिया। परन्तु उसी वर्ष नवम्बर महीने के करीब वह अपने भाई से युद्ध में परास्त हुआ। ऐसी संकट स्थिति में पड़ उसने मुसलमानों से मदद माँगी।

मलिक नायब एक विशाल सेना लेकर दक्कन की ओर चला। 14 अप्रैल, 1311 ई. को वह पांड्यों की राजधानी मदुरा पहुँचा। नगर खाली पड़ा था, क्योंकि उसके बढ़ने का समाचार

सुन वीर पांड्य पहले ही रानियों के साथ नगर छोड़कर चला गया था।

फिर भी उसने नगर को लूटा तथा काफी माल पर अधिकार कर लिया, जिसमें अमीर खुसरो के लेखानुसार पाँच सौ बारह हाथी, पाँच हजार घोड़े तथा पाँच सौ मन हीरे, मोती, पन्ना एवं लालमणि आदि विविध प्रकार के जवाहरात थे। यदि अमीर खुसरो की बात का विश्वास किया जाए, तो मलिक नायब रामेश्वरम् तक पहुँच गया। वह 18 अक्टूबर, 1311 ई. को बृहत् परिमाण में लूट का माल लेकर दिल्ली वापस पहुँचा। इसके अन्तर्गत छः सौ बारह हाथी, बीस हजार घोड़े, छियानबे हजार मन सोना, जवाहरात एवं मोतियों के कुछ सन्दूक थे। इस तरह मालाबार देश साम्राज्यवादियों के हाथ आ गया जो मुहम्मद तुगलक के शासनकाल के आरम्भ तक दिल्ली सल्तनत के अधीन रहा।

1312 ई. में रामचन्द्र देव के पुत्र शंकर देव ने दिल्ली सुल्तान को कर देना बन्द कर दिया जिसके लिए उसके पिता ने आश्वासन दे रखा था तथा पुनः स्वतंत्र होने का प्रयत्न करने लगा। इस पर मलिक नायब पुनः दिल्ली से चला तथा शंकर देव को हराकर मार डाला। इस तरह सम्पूर्ण दक्षिण भारत को दिल्ली के सुल्तान की प्रभुता स्वीकार करनी पड़ी।

इस तरह अलाउद्दीन का साम्राज्य विस्तार पूरा हुआ। खजायन– उल–फुतुह में खिलजी को विश्व का सुल्तान, युग का विजेता और जनता का चरवाहा कहा गया है। जोधपुर के एक अभिलेख में कहा गया है कि अलाउद्दीन खिलजी के देवतुल्य शौर्य से पृथ्वी अत्याचारों से मुक्त हो गई।

परन्तु मलिक नायब के आक्रमणों का नगरों की लूटपाट, लोगों के वध तथा मन्दिरों की लूट से सम्बन्ध होने के कारण इनका दक्षिण भारत के निवासियों पर बहुत गहरा प्रभाव पड़ा।

उनके लिए आक्रमणकारी की विशाल शक्ति के सामने, उस समय आत्मसमर्पण के अतिरिक्त दूसरा कोई चारा नहीं थाय किन्तु उनके दिलों में अवश्य ही असन्तोष घर कर गया होगा, जिसकी अन्तिम अभिव्यक्ति राजनैतिक फल के रूप में विजयनगर के उत्कर्ष में हुई।

राजत्व एवं प्रभुसत्ता के सम्बन्ध में अलाउद्दीन का विचार उसके पूर्वगामियों के विचार से भिन्न था। वह दिल्ली का प्रथम सुल्तान था जिसने स्पष्ट रूप से घोषणा की कि राजत्व रक्त संबंध नहीं जानता। उसने सर्वप्रथम राजकाज के मामले में कट्टर धर्मसंस्था की मान्यता को चुनौती देने का साहस किया। उसने घोषणा की कि अपनी सरकार के राजनैतिक हित के लिए मैं बिना उलेमाओं के परामर्श के भी कार्य करूंगा। बियाना के काज़ी मुगीसुद्दीन को, जो बहुधा उसके दरबार में आता था और धार्मिक वर्ग की प्रधानता का समर्थक था, उसने इस प्रकार कहा–विद्रोह को, जिसमें हजारों नष्ट होते हैं, रोकने के लिए मैं ऐसे आदेश देता हूँ, जिन्हें मैं राज्य के लिए कल्याणकारी और लोगों के लिए लाभप्रद समझता हूँ।

लोग असावधान एवं अशिष्ट बन जाते हैं तथा मेरी आज्ञा का उल्लंघन करते हैं। तब उनको आज्ञाकारी बनाने के लिए मैं कठोर बनने को मजबूर हो जाता हूँ। मैं नहीं जानता कि यह वैध है अथवा अवैध। जो भी मैं राज्य के लिए हितकारी अथवा आपातकाल के लिए उचित समझता हूँ, वह आज्ञा दे देता हूँ।

परन्तु अलाउद्दीन के इस दृष्टिकोण से यह अनुमान करना अनुचित होगा कि वह इस्लाम धर्म की अवहेलना करता था। भारत के बाहर वह इस्लाम के एक महान् प्रतिरक्षक के रूप में विख्यात था। भारत में इस विषय पर मतभेद था।

बरनी एवं उसके शिष्यों के सदृश धर्म–परायणता के समर्थक उसके धर्म की उपेक्षा को अधिक महत्त्व देते हैं, जब कि अमीर

खुसरो ने, जो एक सुसंस्कृत तथा सूक्ष्मदर्शी व्यक्ति था, उसे इस्लाम का समर्थक माना था। अलाउद्दीन ने स्वयं काजी से कहा– यद्यपि मैंने इल्म (विद्या) अथवा किताब (कुरान शरीफ) नहीं पढ़ी है, तथापि मैं मुसलमान वंश का एक मुसलमान हूँ। अलाउद्दीन के स्मारक चिह्नों पर के अभिलेख भी यह स्पष्ट बतलाते हैं कि इस्लाम में उसकी आस्था नष्ट नहीं हुई थी।

अलाउद्दीन अपने दृढ़ निश्चय के अनुसार काम किया करता था तथा प्रत्येक कार्य में सम्पूर्णता की नीति का अनुसरण करता था, ताकि केन्द्र में एक शक्तिशाली सरकार स्थापित हो सके। आकत खाँ के विद्रोह, अपने भानजे अमीर उमर एवं मंगू खाँ के बदायूं तथा अवध में किये गये बलवों, हाजी मौला के षड्यंत्र तथा नये मुसलमानों के कपट–प्रबन्ध से, जिन सबका अच्छी तरह शमन कर दिया गया था, उसे विश्वास हो गया कि शासन प्रणाली में कुछ दोष आ गये हैं। इन दोषों को निर्मूल करने तथा विद्रोहों से अपने को सुरक्षित रखने का दृढ़ निश्चय कर सुल्तान ने निरोधी नियमों की एक संहिता का निर्माण किया। उसने सर्वप्रथम व्यक्तिगत सम्पत्ति की संस्था पर आघात किया।

सभी पेंशनों तथा समर्पित धन को राज्याधिकार में कर लिया गया और सभी गाँव जो मिल्कियत, इनाम एवं वक्फ में थे, जब्त कर लिये गये। बरनी लिखता है कि– लोगों पर दबाव डाला जाता तथा उन्हें दण्ड दिया जाता था, हर तरह के बहाने से उनसे धन चूसा जाता था। बहुत लोगों के पास धन बिलकुल नहीं रहा।

अन्त में अवस्था यहाँ तक आ पहुँची कि मलिकों तथा अमीरों, अधिकारियों, मुल्तानियों तथा महाजनों (बैंकरों) के अतिरिक्त किसी के पास अत्यन्त छोटी रकम भी न रही। दूसरे, सुल्तान ने कार्यकुशल गुप्तचरों का एक दल बनाया, जिन्हें सुल्तान को, प्रत्येक वस्तु की यहाँ तक कि बाजारों की गपशप और लेनदेन जैसी अत्यन्त साधारण बातों की भी सूचना देने की

आज्ञा थी।

सूचना देने की प्रणाली इस हद तक पहुँच गयी कि सरदार बड़े–से–बड़े स्थानों में भी जोर से बोलने का साहस नहीं करते थे और यदि उन्हें कुछ कहना होता, तो वे संकेतों के द्वारा ही भाव व्यक्त करते थे। तीसरे, मादक शराब और औषधि तथा पासे के खेल का दृढ़ता से निषेध कर दिया गया। सुल्तान ने स्वयं मदिरापान का त्याग कर इसका दृष्टान्त पेश किया।

मदिरा के उसके सभी पात्र चकनाचूर कर दिये गये। चौथे, सुल्तान ने सरदारों के सामाजिक समारोह भी बन्द कर दिये। वे उसकी विशेष आज्ञा के बिना नहीं मिल सकते थे। यह नियम ऐसी दृढ़ता से लागू किया गया कि भोज तथा अतिथि–सत्कार की प्रथा बिलकुल लुप्त हो गयी। गुप्तचरों के डर से सरदार मौन रहने लगे वे भोज नहीं देते तथा उन लोगों ने एक–दूसरे से बात–चीत करना भी बन्द कर दिया। सुल्तान के द्वारा लागू किये गये कुछ अन्य नियम भी उतने ही कड़े थे। अधिकांश लोगों को अपनी उपज का आधा भाग तथा पशुओं के चरागाह के लिए अत्यधिक कर देना पड़ता था। सुल्तान उनकी अवस्था इतनी दयनीय बना देना चाहता था।

कि उनके लिए अस्त्रशस्त्र रखना, घोड़े पर चढ़ना, अच्छे वस्त्र धारण करना अथवा जीवन के किसी अन्य सुख का उपभोग करना असम्भव हो जाए। वास्तव में उनका भाग्य बहुत कठोर हो गया। कोई भी अपना सिर ऊपर उठाकर नहीं रख सकता था तथा उनके घरों में सोने, चाँदी, टका, जीतल या किसी फालतू चीज का कोई चिह्न वर्तमान नहीं रह गया था।

दरिद्रता के कारण खेतों या खुतों एवं मुकद्दमों की स्त्रियाँ मुसलमानों के घर जाकर मजदूरी किया करती थी। राजस्व संग्रह के लिए सभी वंशानुगत कर–निर्धारक तथा कर–संग्राहक एक ही कानून के अन्तर्गत लाये गये तथा इस नियम को सुल्तान

के नायब वजीर शरफ काई तथा उसके अन्य अधिकारियों ने इतनी अधिक –ढ़ता से लागू किया कि लोग राजस्व–विभाग के अधिकारियों को ज्वर से भी बुरा समझने लगे।

मुंशीगीरी महान् अपराध बन गयी तथा कोई भी मनुष्य अपनी कन्या को किसी मुंशी (क्लर्क) के हाथ नहीं सौंपता था। अलाउद्दीन ने धन के अतिसंकेन्द्रण को रोकने के लिए भू–राजस्व सुधार किए। अलाउद्दीन खिलजी के भू–राजस्व सुधार के उद्देश्य थे– राजकीय आय में वृद्धि एवं मध्यस्थों का अंत तथा धन के संकेन्द्रण को रोकना। अलाउद्दीन खिलजी प्रथम मुस्लिम शासक था जिसने भूमि की माप करायी। इस पद्धति को बरनी ने मसाहत कहा। भूमि माप की ईकाई के रूप में बीसवाँ को अपनाया गया।

भूमि दोआब में माप

मध्यस्थों का अंत किया गया। ग्रामीण क्षेत्रों में मध्यस्थ वर्ग में खुत, मुकद्दम, चौधरी शामिल थे। इन्हें किस्मत–ए–खुती के रूप में हकूक–ए–खुती के रूप में भू–राजस्व का 10 प्रतिशत प्राप्त होता अलाउद्दीन खिलजी ने इसे रद्द कर दिया। साथ ही उन्हें अपनी भूमि पर भू–राजस्व नहीं देना पड़ता था।

अलाउद्दीन खिलजी ने उनकी भूमि की माप करायी और उस पर भी भू–राजस्व का निर्धारण किया। इनकी दशा इतनी खराब हो गयी कि बरनी कहता है कि– अब यह अरबी घोड़े पर नहीं चलते थे और पान नहीं खाते थे। यह बात हो सकती है। किन्तु इतना सत्य है कि इन्हें आर्थिक क्षति उठानी पड़ी होगी।

अलाउद्दीन खिलजी ने नये सिरे से दोआब क्षेत्र में कर निर्धारण किया और भू–राजस्व की राशि कुल उत्पादन का 50 प्रतिशत निर्धारित कर दी। इसके अतिरिक्त घरी एवं चरी कर लगाया। अलाउद्दीन यह ठीक ही समझता था कि वह जैसी शासन–पद्धति के निर्माण की चेष्टा करता आ रहा था उसके लिए प्रबल सेना नितान्त

आवश्यक थी। परन्तु इसे सक्षम बनाये रखने के लिए अत्यधिक व्यय की आवश्यकता थी– वह भी ऐसे समय में जब कि दक्षिण के ध ान–प्रवाह से मुद्रा का मूल्य घट गया था, वस्तुओं के दाम बढ़ गये थे। सुल्तान ने हर सैनिक का वेतन प्रतिवर्ष 2, 3, 4 टका तथा दो घोड़े रखने वाले के लिए 78 टका निश्चित कर दिया।

वह सैनिकों का वेतन बढ़ाना नहीं चाहता था, क्योंकि इससे राज्य के तथा प्रजा के, आखिरी हद तक कर–भार ग्रस्त हो चुकी थी, साधनों पर अधिक तनाव पड़ता। परन्तु सैनिकों को परिमित वेतन पर जीवित रखने के उद्देश्य से उसने कुछ राजाज्ञाएँ निकाली।

जिनके द्वारा जीवन की अत्यावश्यक वस्तुओं से लेकर विलास–वस्तुओं–जैसे दासों, अश्वों, हथियारों, सिल्क और सामग्री तक सभी चीजों के मूल्य निश्चित कर दिये गये तथा आपूर्ति एवं मांग के नियम को यथासम्भव व्यवस्थित कर दिया गया। राजधानी के चतुर्दिक खालसा गाँवों में भूमिकर नकद के बदले अन्न के रूप में लिया जाने लगा। अन्न दिल्ली नगर की राजकीय अन्न–शालाओं में संचित किया जाता था ताकि दुर्मिक्ष के समय सुल्तान इसे बाजारों में भेज सके। अन्न का कोई भी व्यक्तिगत रूप में संचय नहीं कर सकता था।

बाजारों पर दीवाने–रियासत एवं शहना–ए–मंडी (बाजार का दारोगा) नामक दो अधिकारियों का नियंत्रण रहता था। सुल्तान को बाजारों की दशा की सूचना देने के लिए गुप्तचरों का एक दल नियुक्त था। व्यापारियों को अपना नाम एक सरकारी दफ्तार में रजिस्ट्री कराना पड़ता था।

उन्हें अपनी सामग्री को बेचने के लिए बदायूं द्वार के अन्दर सराय–अदल नामक एक खुले स्थान पर ले जाने की प्रतिज्ञा करनी पड़ती थी। उन्हें अपने आचरण के लिए पर्याप्त जामिन देना पड़ता था। सुल्तान के नियमों का उल्लंघन करने पर कठोर दण्ड की व्यवस्था थी।

दुकानदारों द्वारा हल्के बटखरों का व्यवहार रोकने के लिए यह

आज्ञा थी कि वजन जितना कम हो उतना ही मांस उनके शरीर से काट लिया जाए। जब तक सुल्तान जीवित रहा, ये नियम उसकी इच्छानुसार चलते रहे तथा वह एक विशाल स्थायी सेना कम खर्च पर रख सका।

बरनी कहता है कि– बाजारों में अनाज का अपरिवर्तनशील मूल्य उस समय का एक आश्चर्य समझा जाता था। परन्तु वह इसका निश्चित रूप से उल्लेख नहीं करता कि इन प्रयोगों का सम्पूर्ण देश की आर्थिक दशा पर क्या प्रभाव पड़ा।

उद्देश्यः बरनी कहता है कि सैनिकों की आवश्यकताओं को ध्यान में रखकर बाजार नियंत्रण नीति को लागू किया गया था, प्रो. के. एस. लाल भी इससे सहमत हैं। दूसरी तरफ सक्सेना, निजामी और इरफान हबीब का मानना है कि सामान्य जनता की आवश्यकता को ध्यान में रखकर इसे लागू किया गया था और बरनी भी अपने दूसरे ग्रंथ फतवा–ए–जहाँदारी में इसे जनता की आवश्यकताओं से प्रेरित मानता है। बाजार नियंत्रण व्यवस्था के तहत तीन प्रकार के बाजार स्थापित किए–

अनाजों की मंडी– इसमें विभिन्न प्रकार के अनाज रखे जाते थे। मुख्य अनाजों की बिक्री, सहना नामक अधिकारी के नियंत्रण में थी और सबके ऊपर एक शहना–ए–मंडी होता था।

सराय–ए–अदल– यह कपड़ों का बाजार था। इसके माध्यम से अमीरों को बेशकीमती कपड़े उपलब्ध कराये जाते थे। एक निश्चित दाम पर अमीरों को वे कपड़े प्राप्त हों, इसलिए राज्य मुलतानी व्यापारियों को राज सहायता देता था। सराय–ए–अदल का मुख्य अधिकारी रायपरवाना था।

घोड़े, मवेशियों एवं दासियों का बाजार– पशुओं की खरीद–बिक्री में दलालों के कारण पशुओं का मूल्य बढ़ता था। दलालों को पशुओं के बाजार से बाहर कर दिया गया। सभी पशुओं की कीमतें निर्धारित कर दी गयीं। उदाहरण के लिए अच्छे किस्म के घोडे की कीमत 120

टका थी और एक साधारण टट्टू की कीमत 10 टका थी।

खिल्जी की बाजार व्यवस्था उत्पादन–लागत की प्रगतिशील पद्धति पर काम करती थी। खिल्जी ने अनाजों की मडी में, अनाज की उपलब्धता के लिए दोआब क्षेत्र में अनाजों के रूप में ही भूराजस्व लेना प्रारम्भ किया। उन अनाजों को राजकीय गोदामों में रखा जाता था और कमी की स्थिति में बाजारों में भेजा जाता था।

खिल्जी तीन भिन्न स्रोतों से बाजार व्यवस्था के विषय में सूचना पाता था–

(1) राजकीय अधिकारी,

(2) बरीद (राजकीय गुप्तचर) और

(3) मुन्हियाँ (व्यक्तिगत गुप्तचर)।

बरनी बाजार व्यवस्था की बड़ी प्रशंसा करता है और मानता है कि मूल्य–नियंत्रण पूरी तरह सफल हुआ। मूल्यों में आधे जीतल से अधिक का अंतर कभी नहीं आया। राजकीय नियंत्रण इतना अधिक था कि कम तौलने वाले को कठोर दण्ड दिया जाता था। बाजार व्यवस्था वहाँ लागू हुयी होगी जहाँ सैनिक बैरक स्थापित थे। बाजार व्यवस्था को सुचारू रूप से चलाने के लिए उसने दीवान–ए–रियासत की स्थापना की। नजीर के विभाग (माप तौल) और मोहतसिब के विभाग उसी के अंतर्गत कर दिए गए। दीवान–ए–रियासत का प्रधान मलिक याकूब को बनाया गया और शहना–ए–मंडी के पद पर मलिक काबुल को नियुक्त किया गया। 1316 ई. में खिल्जी की मृत्यु हो गयी।

अलाउद्दीन एक मनमाना शासक था। उसकी महत्त्वाकांक्षाएं असीम तथा अनियन्त्रित थी। उसके तरीके सिद्धांत–शून्य थे। बरनी लिखता है कि– फिरऔन जितना निरपराध रक्त बहाने के लिए दोषी ठहराया गया उससे भी अधिक निरपराध रक्त अलाउद्दीन ने बहाया। जलालुद्दीन फीरोज का दुःखपूर्ण अन्त, मृत सुल्तान के सम्बन्धियों के साथ उसका बर्ताव तथा नये मुसलमानों के प्रति की गयी निर्दयतापूर्ण

कार्रवाइयाँ, जिनमें स्त्रियों तथा बच्चों को भी नहीं छोड़ा गया, सुल्तान के कठोर स्वभाव के प्रमाण हैं।

वह अत्यन्त सन्देही तथा ईर्ष्यालु था। कभी–कभी वह उनसे भी कृतघ्नता का व्यवहार करता था, जिनसे उसे भारी सहायता मिली रहती थी। उदाहरणतः गद्दी पर बैठने के बाद उसने बहुत–से वैसे सरदारों को अपने धन एवं घरों से वंचित कर दिया, जिन्होंने उसका पक्ष लिया था। उसने उन्हें बन्दी–गृहों में भेज दिया तथा कुछ को अंधा कर मरवा डाला।

सुल्तान अपने ही सेनापति जफर खाँ की वीरता से ईष्या करने लग गया। जब मंगोलों ने उसे मार डाला, तब उसके स्वामी को असंतोष हुआ की– बिना अपमनित हुए ही उससे छुटकारा मिल गया। **बरनी** लिखता है की अलाउद्दीन का विद्या से परिचय नहीं था, परन्तु **फरिश्ता** के लेखानुसार सुल्तान ने गद्दी पर बैठने के बाद फारसी सीखी थी। इस सुल्तान के शासन–काल में अमीर खुसरो तथा हसन सरीखे विख्यात विद्वान् एवं कवि हुए। सुल्तान गृह–निर्माण–विद्या का प्रेमी था। उसकी आज्ञा से अनेक दुर्ग बने। इनमें सबसे प्रसिद्ध था वृत्ताकार अलाई किला अथवा कोशके–सीरी (कुश्के–सीरी), जिसकी दीवारे पत्थर, ईंट तथा चूने की बनी थीं और जिसमें सात द्वार थे। अमीर खुसरो लिखता है कि– उन सभी मस्जिदों का, जो नष्ट हो चुकीं थीं, काफी चाँदी बिखेर करके पुनः निर्माण किया।

1311 ई. में कुतुब को बढ़ाने तथा, उस मस्जिद के प्रांगण में पुरानी कुतुबमीनार से दुगुने की एक नयी मीनार बनवाने का कार्य आरम्भ हुआ। उसके जीवन के दिनों की विपत्तियों के कारण मीनार का बनना उसके जीवन–काल में नहीं हो सका। 1311 ई. में ही उसने लाल बलुआ–पत्थर एवं संगमरमर की मस्जिद के लिए विशाल द्वार भी बनवाया, जिसके चारों ओर छोटे–छोटे द्वार बने।

किन्तु इतिहास में अलाउद्दीन अपने साम्राज्यवादी कार्यों के लिए विख्यात है। एक साहसी एवं योग्य सैनिक था। उसके समय के

लगभग सभी सैनिक कार्य सफल हुए। वह बलबन के सैनिकवादी, आदर्श को न्यायोचित सीमा तक ले गया।

उसने अपने शासनकाल के आरम्भ में, शासक के रूप में भी अदभुत पराक्रम दिखलाया। सर्वप्रथम पुरोहित–वर्ग के प्रभाव और मार्ग–प्रदर्शन से मुक्त होकर राज्य करने का श्रेय उसे ही प्राप्त है। वह किसी भी मूल्य पर अपना शासन सबल बनाना चाहता था।

किन्तु उसने जिस सैनिक राजतंत्र के निर्माण का प्रयत्न किया उसकी नींव बालू पर रखी गयी थी। ऊपर से तो उसकी कठोरता के कारण यह सबल दिखलाई पड़ा, परन्तु इससे दलित सरदारों तथा अपमानित नायकों के मन में असंतोष का भाव पैदा हो गया।

वे स्वाभाविक रूप से अपनी खोयी हुई प्रतिष्ठा एवं शक्ति पुनः प्राप्त करने के अवसरों की प्रतीक्षा करते रहे। उसकी प्रणाली का एक बड़ा दोष यह था कि यह शासित वर्ग का स्वेच्छापूर्वक समर्थन तथा शुभकामनाएं प्राप्त न कर सका, जो किसी भी सरकार की सुरक्षा के लिए आवश्यक है। इसका अस्तित्व इसके निर्माता के प्रबल व्यक्तित्व पर निर्भर था। सच तो यह है कि इसके नाश के लक्षण सुल्तान के ही अन्तिम दिनों में परिलक्षित होने लगे तथा उसकी मृत्यु के बाद कुछ ही समय के भीतर पूर्ण रूप से प्रकट हो गये। उसका काम बिलकुल नष्ट हो गया। अपने चाचा के प्रति की गयी कृतनता का एक उचित प्रतिशोध उसक के परिवार पर आ पड़ा तथा इसकी शक्ति एवं प्रतिष्ठा का नाश उसी ने किया, जिसमें सुल्तान की अत्यधिक आस्था थी। वह था उसका अपना ही दुलारा मलिक काफूर।

अलाउद्दीन का शासनकाल

चौदहवीं शताब्दी में, दिल्ली सल्तनत का एक ऐसा शासक हुआ जिसने अपनी दृढ़ इच्छा–शक्ति एवं कठोर अनुशासन से यह साबित कर दिया कि, शासक चाहे तो किसी भी योजना या नीति का कार्यान्वयन असंभव नहीं है, चाहे वह समाज के प्रभावशाली वर्ग के

हितों के विरूद्ध क्यों न हो?

वह शासक था– अलाउद्दीन खिलजी, जिसने मध्यकालीन भारत में आम लोगों के हित के लिए उपयोगी वस्तुओं को न केवल सस्ती दरों पर मुहैया किया और न केवल बाजार को नियंत्रित किया बल्कि वस्तुओं के मूल्यों को भी नियत किया एवं उस मूल्य पर व्यापारियों द्वारा वस्तुओं का विक्रय भी सुनिश्चित किया।

अलाउद्दीन खिलजी ने सन् 1296 ई. में अपने बूढ़े चाचा जलालुद्दीन खिलजी को धोखे से मरवाकर स्वयं को दिल्ली का शासक घोषित किया। उसका शासनकाल काफी महत्वपूर्ण था मध्यकालीन इतिहास में उसके कुछ सुधार पूर्णतः नवीन प्रयोग कहे जा सकते हैं।

वह दिल्ली सल्तनत का महान शासक था जिसने विभिन्न क्षेत्रों में अपनी दूरदर्शिता और मौलिकता प्रदर्शित की। हालांकि अलाउद्दीन खिलजी शिक्षित नहीं था फिर भी उसमें व्यावहारिक ज्ञान की कमी नहीं थी और वह अपने राज्य की आवश्यकताओं को भली–भांति समझता था। यह सही है कि उसने कुछ ऐसे कदम उठाये थे जो अमीरों एवं उलेमाओं जैसे प्रभावशाली वर्ग के हितों के विपरीत थे। यह चौदहवीं शताब्दी के प्रारंभिक दशक में एक राज्य नियंत्रित अर्थव्यवस्था को दर्शाता है। यह प्रयोग नया था। इस योजना से अलाउद्दीन खिलजी को जो सफलता मिली वह काफी रोचक एवं असाधारण है।

वस्तुओं के जो नियंत्रित मूल्य अलाउद्दीन खिलजी ने रखे उसका अनुपालन दृढ़तापूर्वक हो उसने व्यक्तिगत तौर पर सुनिश्चित किया। सामान्यतः यह माना जाता है कि अलाउद्दीन खिलजी द्वारा इस योजना को लागू करने का मुख्य उद्देश्य सैनिकों की आवश्यकताओं की पूर्ति पर आधारित था।

एक बड़ी सेना को अपेक्षाकृत कम खर्च पर कायम रखना इसका उद्देश्य था। अलाउद्दीन का शासनकाल सतत युद्ध का काल था

इसके लिए एक वृहत् एवं मजबूत सेना की आवश्यकता थी। यह कहना उचित नहीं है कि अलाउद्दीन ने आर्थिक सुधार केवल सेना को ही ध्यान में रखकर किए थे। क्योंकि यह नीति सैन्य अभियान समाप्त होने के बाद भी चालू रखी गई।

दूसरी बात यह है कि अलाउद्दीन द्वारा चौदहवीं शताब्ध्दी के पहले दशक में दिया जाने वाला 234 टंका प्रतिवर्ष या 19.5 टंका प्रतिमाह कोई छोटी राशि नहीं थी। खासकर जब हम इसकी तुलना बाद के शासकों अकबर 240 रू. प्रतिवर्ष से करते हैं।

अलाउद्दीन अकबर से 6 रू. कम एवं शाहजहां से 34 रू. प्रतिवर्ष अधिक देता था अतः हम यह कह नहीं सकते कि सैनिकों की तनख्वाह कम थी। जब बाद के दिनों में लगभग इसी वेतन से अकबर एवं शाहजहां के अधीन सेना संतुष्ट थी, तब अलाउद्दीन के समय यह राशि अल्प नहीं कही जा सकती। अतः इस ध्येय से मूल्य नियंत्रण आवश्यक नहीं था।

दूसरी ध्यान देनेवाली बात यह है कि अलाउद्दीन ने न सिर्फ अनिवार्य उपयोगी वस्तुओं का मूल्य नियंत्रण किया था बल्कि रेशम आदि विलास वस्तुओं के मूल्य पर भी अंकुश लगाया था। फिर एक और बात यह है कि मूल्य नियंत्रण का लाभ सिर्फ सैनिकों के लिए ही नहीं था बल्कि पूरी आम जनता के हित में था। हर कोई बाजार से नियत दर पर सामान खरीद सकता था।

अगर यह सिर्फ सैनिक के लिए होता तो इसकी व्याप्ति सीमित होती। अलाउद्दीन का उद्देश्य तो अपनी प्रजा को इस कल्याणकारी उपाय द्वारा मदद करना था। इस आधार पर हम कह सकते हैं कि लोक हितकारी विचार से यह योजना बनायी गयी थी।

इस विषय पर एक अधिक तार्किक पक्ष यह है कि यह योजना मुद्रास्फीति नियंत्रण के उद्देश्य से लागू की गई थी। युद्ध में विजयोपरांत दिल्ली के नागरिकों के बीच धन का प्रचुर वितरण होता था। जिसके कारण दिल्ली में सोने एवं चांदी के सिक्कों की मात्रा

में तेजी से वृद्धि हो गई थी।

परंतु वस्तुओं की आपूर्ति उस अनुपात में पर्याप्त न होने के कारण मूल्य वृद्धि होना लाजिमी था। ऐसी परिस्थिति में जब दिल्ली में मुद्रा का संचालन में अधिक होना, व्यापारिक गतिविधियों को बढ़ावा दे रहा था और व्यापारी कृत्रिम अभाव पैदा कर मूल्य वृद्धि करने को प्रवृत हो रहे थे।

फलतः अलाउद्दीन को व्यापारी वर्ग के इस जोड़ तोड़ को रोकने के लिए मूल्य नियंत्रण योजना लागू करना आवश्यक हो गया था। अलाउद्दीन ने खाने, पहनने व जीवन की अन्य आवश्यक वस्तुओं के भाव नियत कर दिए। यहा तक कि गुलामों, नौकरों एवं दास–दासियों के भाव भी निश्चित थे।

कुछ लोगों ने तो यहां तक कहा कि सस्ते में रोटी उपलब्ध कराकर अलाउद्दीन ने सफल शासन का जंतर प्राप्त कर लिया। अगर वह वस्तुओं के मूल्यों को नीचे लाता है तो उसे प्रसिद्धि मिल जाएगी एवं वह सफलतापूर्वक शासन कर पाएगा। एक तरफ उसने जहां अमीरों की कई सुविधाओं में कटौती की वहीं दूसरी ओर उन्हें विलास–वस्तुओं को कम कीमत पर मुहैया कराने का प्रबंध किया। अतः इस योजना का उद्देश्य एक व्यापक राजनीतिक हित साधन था। मूल्य नियंत्रण की आज्ञा केवल दिल्ली के लिए दी गई थी या पूरी सल्तनत के लिए, यह विवादास्पद प्रश्न है। कुछ लोग ऐसा मानते हैं कि यह योजना सिर्फ दिल्ली शहर तक सीमित थी।

अगर यह सिर्फ दिल्ली तक ही सीमित रही होती तो क्या सेनाओं के वेतन के लिए दुहरा मापदंड रखा गया था? संभवतया नहीं क्योंकि यदि यह योजना सिर्फ सेना के लिए थी तो सेना सिर्फ दिल्ली में ही नहीं रहती थी।

और फिर अलग–अलग जगह रहने वाली सेनाओं का वेतन अलग–अलग हो, यह व्यावहारिक प्रतीत नहीं होता। दूसरी बात यह है कि यदि सिर्फ दिल्ली में ही मूल्य नियंत्रण होता तो दूरदराज के

व्यापारी दिल्ली में आकर कम मूल्य पर अपना सामान क्यों बेचते? वे उसे कहीं और बेच सकते थे जहां उन्हें अधिक मुनाफा मिलता।

ऐसा भी कहीं उल्लेख नहीं मिलता कि दिल्ली में आकर व्यापार करने के लिए प्रशासन की तरफ से कोई बाध्यता थी। तो हम तार्किक रूप से यह निष्कर्ष निकाल सकते हैं कि नियंत्रित बाजार सिर्फ दिल्ली में ही नहीं थे, बल्कि कुछ और बड़े केंद्रो में भी यह व्यवस्था थी।

उन दिनों जब सरकारी मशीनरी इतनी संगठित नहीं थी, इस तरह की योजनाओं को सल्तनत के प्रत्येक शहर में लागू करना सहज नहीं था। यहां एक और ध्यान देनेवाली बात यह है कि इसका प्रमुख उद्देश्य मूल्य वृद्धि को नीचे लाना तथा मुद्रास्फीति पर नियंत्रण रखना था।

सोने एवं चांदी के सिक्कों की बहुतायत के कारण सिर्फ दिल्ली या फिर कुछेक बड़े शहरों में मूलय नियंत्रण से बाहर जा रहा था। अतः इस योजना की आवश्यकता दिल्ली एवं कुछेक बड़े शहरों में ही पड़ी होगी, बाकी मूल्य नीचे ही रहे होंगे।

अलाउद्दीन के बाजार एवं मूल्य नियंत्रण – भू राजस्व

बाजार एवं मूल्य नियंत्रण क्षोत ऐतिहासिक

वित्तीय और राजस्व सुधारों में रुचि लेने वाला अलाउद्दीन पहला सुल्तान था। दक्षिण विजय से प्राप्त धन के कारण मुद्रा का प्रसार बढ़ गया और मुद्रा का मूल्य घटने से कीमतें बढ़ी।

अलाउद्दीन खिलजी की बाजार व्यवस्था के बारे में विस्तृत जानकारी जियाउद्दीन **बरनी की तारीख**– ए– फिरोजशाही में मिलती है।

इसके अतिरिक्त अमीर खुसरो के खजाइनुल फुतुह, इसामी की फुतुहस सलातीन, इब्नबतूता के रेहला और शेख, नासिरुद्दीन की

खयारूल मजालिस में मिलती है। खजाइनुल फुतुह में अलाउद्दीन के आर्थिक सुधारों की प्रशंसा की गई है अलाउद्दीन के बाजार नियंत्रण और उसके परिणाम स्वरुप वस्तु के मूल्य निर्धारण के संबंध में इतिहासकारों ने अलग अलग मत दिए हैं।

अलाउद्दीन के बाजार नियंत्रण के बारे में **विभिन्न इतिहासकारों के मत बरनी** नेअलाउद्दीन के बाजार नियंत्रण का उद्देश्य राजकोष पर अतिरिक्त बोझ डाले बिना सैनिक आवश्यकताओं को पूरा करना बताया है। बरनी के इस विचार का के.ए.लाल और इरफान हबीब ने समर्थन किया है। चिश्ती संत नासिरुद्दीन और अमीर खुसरो के अनुसार– अलाउद्दीन के बाजार नियंत्रण का उद्देश्य आम जनता प्रजा को राहत पहुंचाने था।

फरिश्ता के अनुसार–मूल्य नियंत्रण सुल्तान द्वारा शासित अधिकांश प्रांतों पर लागू था। **मोर लैंड** के अनुसार–मूल्य नियंत्रण का प्रयास मात्र दिल्ली तक सीमित रह गया जहां सेना केंद्रित थी। वास्तव में मंगोल आक्रमण से सुरक्षा हेतु आवश्यक एक विशाल सेना के रखरखाव हेतु बाजार नियंत्रण प्रणाली को अपनाया गया

अलाउद्दीन खिलजी ने वस्तुओं के मूल्य प्रगतिशील उत्पादन लागत के सिद्धांत पर निश्चित किया कोई वस्तु अप्राप्य ना हो इसके लिए प्रबंध किया गया। खालसा भूमि (सरकार की भूमि)और जहां तक संभव था अधीनस्थ सामंतों की भूमि से भी गल्ले के रूप में लगान वसूल किया गया। अलाउद्दीन ने शासकीय भंडारण बनवाया जिसी में अनाजों को एकत्र किया जाता था और संकट काल में लोगों की आवश्यकता के अनुसार निम्न दर पर बेचा जाता था पंजीकृत व्यापारी को ही किसानों से गल्ला खरीदने की आज्ञा थी।

बाजार नियंत्रण के लिए अलाउद्दीन खिलजी ने निम्न अधिकारी नियुक्त किए थे।

1–शहना ए मंडी

2–दीवाने रियासत

3–बरीद– ए– मंडी

4–सराय अदल

1. शहना ए मंडी

मलिक कबूल को शहना ए मंडी नियुक्त किया गया था यह उलूग खां का विश्वासपात्र और दक्ष सेवक था इसकी सहायता के लिए अलाउद्दीन ने घुड़सवारों और पैदल व्यक्तियों की विशाल टुकड़ी प्रदान की गई और उसे विस्तृत अधिकार दिए गए। वह सभी व्यापारियों पर नियंत्रण रखता था और बाजार की कीमतों के उतार–चढ़ाव और बाजार की सामान्य स्थिति की सूचना सुल्तान को देता था इसके अतिरिक्त व्यापारियों और कारवाओ को गांव से अनाज एकत्रित करने के लिए विवश करता था।

सभी व्यापारियों को शहना ए मंडी के दफ्तर में अपने को पंजीकृत करना पड़ता था। शहना ए मंडी के पास वस्तुओं के दरों की तालिका रहती थी वह बाजार में बिकने वाली सभी वस्तुओं पर कड़ी नजर रखता था। कपड़े के व्यापारियों को बाहर से कपड़ा लाने के लिए अग्रिम धन की देने की व्यवस्था थी लेकिन उन्हें बाजार में एक निश्चित मूल्य में कपड़ा बेचने के लिए बाध्य किया जाता था किसी वस्तु की कमी ना हो इसके लिए सभी व्यापारियों को एक निश्चित मात्रा में वस्तुओं लाने के लिए बाध्य किया जाता था। सुल्तान की आज्ञा के बिना मूल्यों में कोई परिवर्तन नहीं कर सकता था कोई भी व्यक्ति अथवा व्यापारी और किसान किसी भी वस्तु का संग्रह नहीं कर सकता था।

दो आब के पदाधिकारियों को यह लिख कर देना पड़ता था कि वह किसी भी किसान को अनाज संग्रह नहीं करने देंगे और कृषकों से उनकी उपज का 50 प्रतिशत भू राजस्व वसूल करेंगे इस प्रकार पूरा अनाज बाजार में आता था और उसे भंडार गृह में संग्रहित किया

जाता था। अलाउद्दीन ने राशन व्यवस्था भी लागू की थी यह व्यवस्था केवल अकाल के समय लागू की जाती थी। अकाल के समय प्रत्येक घर को आधा मन अनाज प्रतिदिन दिया जाता था।

नगर के संपन्न व्यक्तियों को उन की आवश्यकता की पूर्ति के लिए निश्चित मात्रा में अनाज दिया जाता था सट्टेबाजी और चोरबाजारी पूरी तरह से समाप्त कर दी गई। कानून भंग करने वाले व्यक्ति को कठोर दंड देने का प्रावधान था।

2. दीवान ए रियासत

बाजार की देखभाल का कार्य दीवाने रियासत को सौंपा गया यह विभाग अलाउद्दीन के कृपापात्र याकूब के अधीन था नाजिर याकूब को पहला दीवाने रियासत नियुक्त किया गया।दीवान ए रियासत के अधीन शहना और बाजार का अधीक्षक और बरीद गुप्तचर अधिकारी की नियुक्ति की गई इनका कार्य बाजार में वस्तुओं के मूल्य और माप–तोल की जांच करना था।

3. बरीद– ए–मंडी

यह गुप्त अधिकारी होते हैं इनका कार्य बाजार में वस्तुओं में और उनके मूल्य में हो रही है फेर की जांच करना था मुनहीयान्स भी गुप्तचर अधिकारी था।

4. सराय अदल

न्याय के लिए सराय अदल नामक बड़े पदाधिकारियों की नियुक्ति की गई इन सभी अधिकारियों को दंड देने का विस्तृत अधिकार प्राप्त था अलाउद्दीन ने दिल्ली में सराय अदल में मुल्तानीयों की नियुक्ति अधिकारियों के रूप में करके नवीन परंपरा स्थापित की

अलाउद्दीन खिलजी द्वारा बाजारों का संगठन

अलाउद्दीन खिलजी ने विभिन्न वस्तुओं के लिए विभिन्न प्रकार के बाजार संगठित किए और उनके लिए अधिनियम बनाए थे।

यह बाजार निम्न थे :–

1 अनाज मंडी (गल्ला बाजार)

2 सराय अदल

3 घोड़ों, दासों और मवेशियों का बाजार

4 सामान्य बाजार

1. अनाज मंडी (गल्ला बाजार)

यह अलाउद्दीन खिलजी द्वारा स्थापित बाजारों में प्रमुखता नगर के प्रत्येक मोहल्ले में एक केंद्रीय गल्ला मंडी स्थापित की गई जहां अनाज की खरीद बिक्री होती थी। मंडी से संबंधित 8 नियम बनाए गए बरनी ने इन नियमों की विस्तृत विवेचना की है। अलाउद्दीन खिलजी द्वारा बनाए गए मंडी से संबंधित 8 नियम :–

प्रथम और सबसे कठिन अधिनियम (जब्ता) – सभी प्रकार के भाव निश्चित करने से संबंधित था सरकार द्वारा निश्चित प्रति मन की दरें इस प्रकार थी। गेहूं–7.5 जीतल जौ–4 जीतल, चना–5 जीतल, उड़द–5 जीतल, मोठ–3जीतल शक्कर–1) जीतल, गुड– 1/3 जीतल प्रति सेर, मक्खन या घी–1 जीतल प्रति ढाई सेर, सरसों का तेल–1 जीतल प्रति 3 सेर, नमक–1 जीतल प्रति 1/2मन। अकबर के काल के मन की तरह अलाउद्दीन के समय के मन को भी लगभग 28 सेर के बराबर माना जाता था गल्ला मंडी के भाव की स्थिरता अलाउद्दीन की महत्वपूर्ण उपलब्धि थी।

दूसरा अधिनियम – दूसरे अधिनियम के अंतर्गत मलिक कबूल को शहना या बाजार का अधीक्षक नियुक्त किया गया,वह एक बुद्धिमान और अनुभवी मलिक था उसके सम्मान और शक्ति में वृद्धि के लिए भारी संख्या में घोड़े और पैदल सैनिक दिए गए थे।

तीसरा अधिनियम – तीसरा अधिनियम सरकारी गोदामों में गल्ला एकत्रित करने से संबंधित था इसके अंतर्गत सुल्तान ने आज्ञा

दी थी कि दो आब की समस्त खालसा भूमि का लगान अनाज के रूप में एकत्रित कर सरकारी गोदामों में सुरक्षित रखे जाएं। राजस्थान के झायन क्षेत्र में आधी भू राजस्व अनाज के रूप में और आधी नगद रूप में वसूल की गई है।

चौथा अधिनियम – चौथा अधिनियम के तहत गले का परिवहन करने वाले व्यापारी मलिक कबूल के अधिकार में रहेंगे।

पाँचवा अधिनियम – पाँचवॉ अधिनियम द्वारा मुनाफाखोरी का कठोरतापूर्वक दमन किया गया मुनाफाखोरों को कठिन दंड दिया गया।

छठा अधिनियम – छठे अधिनियम के द्वारा दो आब और दिल्ली के आसपास के प्रदेशों के समस्त अधिकारियों से यह लिखित आश्वासन ले लिया गया कि किसान व्यापारियों को गल्ला अपने खेतों से निश्चित नगद मूल्य पर देंगे और उसे अपने घर नहीं ले जायेंगे।

सातवां अधिनियम – यह अधिनियम प्रतिदिन गल्ला मंडी संबंधित रिपोर्ट से संबंधित था सुल्तान को यह रिपोर्ट उसके तीन स्वतंत्र अधिकारियों द्वारा प्राप्त होती थी। मंडी नियंत्रक (शहना ए मंडी), बरीदों (गुप्तचर अधिकारियों) और मुनहियों (गुप्तचरों)।

आठवां अधिनियम – इस अधिनियम के द्वारा अनाज की राशनिंग की जाती थी यह अधिनियम अनाज की राशनिंग से संबंधित था।

2. सराय– ए–अदल

अलाउद्दीन खिलजी द्वारा स्थापित दूसरा बाजार सराय–ए–अदल अथार्थ न्याय का स्थान था यह सरकारी सहायता प्राप्त बाजार था इसमें सुल्तान के अधीन प्रदेश और बाहरी प्रदेशों के साथ–साथ विदेशों से भी माल आता था। इस बाजार में बिकने वाली प्रमुख वस्तुएं थीं कपड़ा चीनी जड़ी–बूटियां सूखे मेवे जी और दीपक

जलाने के तेल इत्यादि इस बाजार से संबंधित पांच अधिनियम बनाए गए थे। सराय–ए–अदल से संबंधित पांच अधिनियम

प्रथम अधिनियम – इस अधिनियम के अनुसार सराय ए अदल की स्थापना की गई बदायूं द्वारा के भीतर कूशके शब्ज (हरा महल) के निकट सराय– ए–अदल का निर्माण किया गया।

सुल्तान ने आदेश दिया कि व्यापारियों के व्यक्तिगत धन से अथवा सरकारी सहायता से खरीदी गई सभी वस्तुओं को सराय ए अदल में ही लाना था। एक टंके से लेकर 10000 टंका मूल्य तक का सामान केवल इसी बाजार में बेचा जाता था इस नियम का उल्लंघन करने वाले व्यापारी को दंड देने का प्रावधान था। बरनी सराय ए अदल में बिकने वाले वस्त्रों (रेशमी और सुती) और अन्य सामानों की सूची देता है जो दूसरे अधिनियम के द्वारा निश्चित की गई थी

दूसरा अधिनियम – यह अधिनियम वस्तओं के मूल्य निर्धारण से संबंधित था बरनी ने इस बाजार की प्रमुख वस्तुओं और उसके सरकारी मूल्यों की सूची दी है। यद्यपि रेशमी कपड़ों का मूल्य बिना नाप के ही दिया गया है परंतु उसके बहुत से प्रकारों का वर्णन किया गया है जो इस बाजार में बिकने आते थे।

रेशमी कपड़ा– खुज्जे दिल्ली (16टंका), खुज्जे कोनला (6टंका), मशरू शेरी (3टंका), शीरी उत्तम (5टंका), शीरी मध्यम (3टंका), शीरी मोटा (2टंका), सिलहटी मोटा (2टंका)

सूती कपड़ा– बुर्द (उत्तम) लालधारी (6जीतल), बुर्द (मोटा) 3जीतल, अस्तरे नागौरी (लाल) 2 जीतल, अस्तर मोटा (12जीतल), एक चद्दर (10 जीतल), इसके अतिरिक्त कोई व्यक्ति एक टंके में 40 गज साधारण अथवा 20 गज उत्तम रुई का बना सूती कपड़ा खरीद सकता था।

वस्तु– मिश्री एक सेर (2) जीतल),चीनी का सेर (1) जीतल),भूरी खांड तीन सेर(एक जीतल), घी डेढ सेर(1जीतल),तिल का तेल तीन सेर (1जीतल),नमक 5सेर (1जीतल)

तीसरा अधिनियम – तीसरा अधिनियम व्यापारियों के पंजीकरण से संबंधित था। इसके अंतर्गत सुल्तान ने यह आदेश दिया कि दिल्ली के सभी हिंदू और मुसलमान व्यापारी और साम्राज्य के सभी व्यापारी दीवान ए रियासत (वाणिज्य मंत्रालय) में अपना पंजीकरण कराएं और उनका व्यापार विनियमित किया जाए।

चौथा अधिनियम – यह अधिनियम मुल्तानी व्यापारियों से संबंधित था। सराय ए– अदल में आने वाला माल व्यापारियों द्वारा दूरस्थ देशों से लाया जाता था जो अधिकतर मुल्तानी व्यापारी करते थे। अलाउद्दीन ने मुल्तानी व्यापारियों को कोष से 2000000 टंके देने का आदेश दिया और उन्हें सराय अदल में अधिकारी नियुक्त किया गया। सराय– ए–अदल मुल्तानी व्यापारियों के अधीन था।

पांचवा और अंतिम अधिनियम – यह अधिनियम परवाना नवीस (परमिट देने वाले अधिकारी) की नियुक्ति और अधिकार से संबंधित था। सुल्तान अलाउद्दीन ने आदेश दिया कि बहुमूल्य वस्त्र जैस– दृतस्बीह, तबरेज कंजमारी, सुनहरी जरी, खुज्जे दिल्ली (दिल्ली मे बना रेशमी कपड़ा), कमख्वाब तबरेजी, हरीरी, चीनी, देवगिरी रेशम व कमरवाद आदि।

जिनके साधारण जनता को आवश्यकता नहीं होती, किसी व्यक्ति को तब तक नहीं बेची जा सकती, जब तक परवाना नवीस मलिको अमीरों और विशिष्ट व्यक्तियों को उनकी आय के आधार पर परमिट ना दे कालाबाजारी को रोकने के लिए खरीददार को खरीदी हुई वस्तु की प्राप्ति स्वीकृति के रूप में एक लिखित रसीद देनी पड़ती थी। जिससे कि कोई साधारण व्यक्ति उत्तम श्रेणी का कपड़ा सराय अदल से सस्ते भाव पर खरीद कर प्रांतों में उसको चौगुने मूल्य पर ना बेचे।

3. घोड़ों, दासों और मवेशियों के बाजार

इन तीनों बाजारों पर चार सामान्य किस्म लागू होते थे।

1 किस्म के अनुसार मूल्य का निर्धारण

2 व्यापारियों और पूंजीपतियों का बहिष्कार

3 दलालों का कठिन नियंत्रण

4 सुल्तान द्वारा बार–बार जांच पड़ताल

घोडे. – सेना के लिए स्वीकृत होने वाले घोड़े अनुभवी घोड़ों के दलालों की सहायता से 3 श्रेणियों में विभाजित किए गए।

प्रथम श्रेणी	–	100 से 120 टंके तक
द्वितीय श्रेणी	–	80 से 90 टंके तक
तृतीय श्रेणी	–	60 से 70 टंके तक

एक भारतीय टट्टू का मूल्य 10 से 20 या 25 टंके तक होता था।
दास – बरनी ने बाजार में बेचे जाने वाले अनेक प्रकार के पुरुष और महिला दासों का उल्लेख किया है और उसकी सूची भी दी है।

1 घर में काम करने वाली दासी 5 से 12 टंके

2 विषय भोग के लिए दासी (कनीज के किनारे) 20 से 30 या 40 टंके

3 सुंदर युवा दास 20 से 30 टंके

4 अपने काम में दक्ष युवा दास 10 से 15 टंके

5 युवा दास जो अपने कार्य में दक्ष नहीं थे वे सात से आठ टंके में बेचे जा सकते थे

मवेशी– **बरनी** के अनुसार मवेशियों के मूल्य की सूची इस प्रकार की :–

1 उत्तम नस्ल के भारवाहक मवेशी 30 से 40 टंके

2 नस्ल बढ़ाने के लिए नर मवेशी (शतूरे जुफ्ती) 3 टंके

3 मांस के लिए गाय 1,1, से 2 टंके

4 दूध देने वाली गाय 3 से 4 टंके

5 दूध देने वाली भैंस 10 से 12 टंके

6 मांस के लिए भैंस 5–6 टंके

7 मोटी बकरी या भेड़ 10 से 12 टंके

4. सामान्य बाजार

सामान्य बाजार दीवान ए रियासत के अधीन था। इन बाजारों में बिकने वाली सामान्य वस्तु है जैसे– मिठाइयां, सब्जियां, रोटियां, कंगी, चप्पल, जूता, बर्तन, सुपारी, पान, रंग, मिट्टी के बर्तन उत्पादों के मूल्य निश्चित किए गए। मूल्य निर्धारण उत्पादन लागत के आधार पर हुआ।

अलाउद्दीन के बाजार और मूल्य नियंत्रण इस बात से लेकर महत्वपूर्ण नहीं है कि इससे वस्तुएं सस्ती हो गई बल्कि इस बात से है कि बाजार में वस्तुओं की कीमत निश्चित हो गई।

अलाउद्दीन के इस बाजार व्यवस्था से सबसे अधिक लाभान्वित सैनिक वर्ग हुआ **लेनपुल** ने अलाउद्दीन को एक महान राजनीतिक अर्थशास्त्री बताया है। दिल्ली सल्तनत के सुल्तानों में अलाउद्दीन पहला शासक था जिसने वित्तीय और राजस्व सुधारों में रुचि ली और उल्लेखनीय सुधार किए। वह पहला सुल्तान था जिसने भूमि की पैमाइश और अनुमान के आधार पर सर्वप्रथम भूमि कर लगाया था।

राजस्व कर प्रणाली को सुधारने के लिए उसने दीवान ए मुस्तखराज की स्थापना की मुस्तखराज का कार्य किसानों से बकाया भू राजस्व संग्रहण करना था। अलाउद्दीन पहला शासक था जिसने उन गांव में जो सामूहिक व्यवस्था के अंतर्गत आते थे एक नई भू राजस्व प्रणाली का संगठन करने के लिए कदम उठाया।

सर्वप्रथम अलाउद्दीन ने उन सभी भूमि अनुदानों को वापस ले

लिया जो अमीर वर्ग शासकीय कर्मचारियों विद्वानों और धर्म शास्त्रों के पास राज्य की ओर से मिल्क (संपत्ति), इनाम और वक्फ (उपहार)के रूप में भेंट अनुदान या पुरस्कार स्वरूप दी गई थी।

राजस्व की वृद्धि हेतु अलाउद्दीन दोआब क्षेत्र की अधिकांश भूमि अधिग्रहित कर उसे खालसा राज्य की भूमि में परिवर्तित कर दिया। कोल, बरन, मेरठ, अमरोहा ,नच ,कानपुर और कबीरा की भूमि खालसा भूमि के अंतर्गत लाई गई।

इसके अतिरिक्त अलाउद्दीन मिल्क, इनाम और वक्फ भूमि को भी खालसा भूमि में सम्मिलित करने का आदेश दिया, इस कारण खालसा भूमि के क्षेत्र में अत्यधिक वृद्धि हुई और केंद्रीय प्रशासन की आय में वृद्धि हुई। भूमि अनुदान वापस लेने के बाद अलाउद्दीन ने मुखियों (मुकद्दमो) जमीदारों (खुत्तों) और साधारण किसानों (बलाहारों) से संबंधित आदेश जारी किए ।

खूत, चौधरी और मुकद्दमों जो पैतृक आधार पर लगान अधिकारी थे और सभी हिंदू थे उनके लगान वसूलने का अधिकार छीन लिया और उनके विशेषाधिकार समाप्त कर दिए गए। इस प्रकार अलाउद्दीन खिलजी दिल्ली के सुल्तानों में प्रथम सुल्तान था जिसने हिंदू राजस्व संग्रहित अधिकारियों के विशेषाधिकार छीन लिए।

इस कारण उनकी स्थिति बहुत दयनीय हो गई बरनी के अनुसार– उनकी स्थिति इतनी खराब हो गई जिसके कारण उनकी पत्नियों को मुसलमान के घरों में जाकर काम करना पड़ता था। अब इनकी स्थान पर आमिल (कर एकत्र करने वाला) और गुमाश्ता प्रतिनिधि लगान वसूल करने लगे।

चाचा का कत्ल

अलाउदीन खिलजी के जन्म के बारे में पुख्ता इतिहास उपलब्ध नही है फिर भी 1250 ईस्वी में इसके जन्म की बात इतिहास में बताई

जाती है। अलाउदीन खिलजी के पिता जुना मुहम्मद खिलजी, खिलजी वंश के प्रथम शासक जलालुदीन फिरोज खिलजी के भाई थे।

इस तरह खिलजी वंश के प्रथम शासक जलालुदीन खिलजी, अलाउदीन खिलजी के चाचा थे और उससे बहुत प्यार करते थे। इसी कारण सुल्तान जलालुदीन खिलजी के शासन के दौरान अलाउदीन खिलजी को कारा (वर्तमान अलाहाबाद जिला) का शासन सौंप दिया था।

यही नही उसे मालवा के खिलाफ जंग के लिए आगे रखा गया था। अलाउदीन ने अपने ताकत बढ़ाते हुए दक्कन तक अपना कब्जा जमा लिया था। इसके साथ ही उसने खानादेश को लुटकर एल्लिचिपुर पर भी कब्जा कर लिया था। उसने सारा लुट का माल इकट्ठा किया और वापस कारा लौट आया था। 1296 ईस्वी ने अलाउदीन खिलजी ने सत्ता के लोभ में अपने ही चाचा का कत्ल कर दिया। इसके बाद उसने घुस देकर सारे मंत्रियों को अपने साथ मिलाकर खुद को दिल्ली का नया सुल्तान घोषित कर दिया।

अलाउदीन खिलजी की हत्या की साजिश

तख्तापलट के इस काम में मुहम्मद शाह ने उसक काफी साथ दिया था और इसके लिए उसे इनाम भी मिला था। अलाउदीन खिलजी ने उसे अपने हरम में आने की इजाजत दे दी थी। मुहम्मद शाह ने इस मौके का फायदा उठाकर उसने अलाउदीन की बेवफा बेगम चिमना से अपने रिश्ता बढ़ा लिए।

इस जोड़ी ने मिलकर अलाउदीन खिलजी की हत्या की साजिश रची ताकि वो दोनों खुद सुल्तान और बेगम बन सके। अलाउदीन को उनकी इस साजिश का पता चल गया और मुहम्मद शाह अपने भाई के साथ दिल्ली भाग गया। मुहम्मद शाह ने उसके बाद रणथम्भोर के राजपूत राजा हम्मीर देव के यहा शरण ले ली जिसके कारण अलाउदीन की नजरे हम्मीर देव पर पड़ गयी। रणथम्भोर के

किले पर धावा बोल दिया गया और बनास नदी के किनारे अलाउदीन और हम्मीर देव की सेना के बीच संग्राम हुआ जिसमे राजपूत सेना विजयी हुयी लेकिन अचानक किसी तरह से हम्मीर देव की सेना बिखर गयी थी इसका कारण था सेनापति गुर्दन सैनी की प्रधान के साथ आपसी कलह के कारण सेनापति ने प्रधान की जानबुझकर हत्या कर दी।

अलाउदीन को वापस सम्भलने का मौका मिल गया और वापस पुरे जोर के साथ उसने किले पर हमला बोल दिया। उसने किले तक पहुंचने वाले रसद के मार्ग पर अपना डेरा जमा लिया था। अब किले का निर्माण इस तरीके से हुआ था कि उसको पार करना मुश्किल था इसलिए उसने हम्मीर देव से एक शर्त पर वापस लौटने को कहा कि अगर वो मुहम्मद शाह को उसे सौंप दे हम्मीर देव ने मुहह्म्म्द शाह को सुरक्षित रखने का वादा किया था इसलिए उसने संघर्ष जारी रखा। आखिरकार अलाउदीन को हारकर वापस लौटना ही पड़ा।

सोमनाथ मन्दिर की लूटा

अलाउदीन खिलजी ने अपने दो सेनापति भाइयो उलुग खान और नुसरत खान को गुजरात पर आक्रमण करने के लिए भेजा उन दोनों के मिलकर गुजरात पर आक्रमण कर कब्जा कर लिया और साथ ही सोमनाथ मन्दिर और रूद्र महालय के मन्दिरों के खजाने को लुटा।

उस समय गुजरात के शासक करणदेव द्वितीय की पत्नी कमलादेवी को अगुआ कर लिया और बाद में सुल्तान ने उससे शादी कर ली। 1299 ईस्वी में नुसरत खान ने गुजरात और उलुग खान ने सिंध से अपने युद्ध अभियानों की शुरुवात की थी। दोनों चित्तौड़गढ़ के निकट एक दुसरे से मिले। वहां पे उनकी मुलाकात एक गुलाम मालिक काफूर से हुयी, जिसे 1000 दीनार में खरीदकर उसे सेना का सेनापति बना दिया गया। 1303 में उसने चित्तोड़ पर आक्रमण

कर वहा के राणा रावल रतन सिंह को मार दिया लेकिन रानी पद्मिनी को हथियाने का उसका सपना अधुरा रह गया क्योंकि रानी पद्मिनी नें जौहर कर लिया था। अलाउदीन खिलजी के मेवाड़, रणथम्भोर और गुजरात के युद्ध अभियानों के चलते उत्तरी भारत के दुसरे राजाओ में एक डर सा छा गया था। लेकिन मालवा के महलक देव ने अलाउदीन को इतनी आसानी से अपना साम्राज्य देने से मना कर दिया। उसने 20000 घुड़सवारो और 90000 पैदल सैनको की फौज को अलाउदीन की फौज के सामने लाकर खड़ा कर दिया ।

उसकी सेना का सेनापति हरनाद कोका था और दुसरी तरफ अलाउदीन खिलजी का सेनापति आइनमुल्क मुल्तानी था जो 1,60,000 मुस्लिम सैनिको के साथ युद्ध के लिए तैयार था। इस खूनी संग्राम में हरनन कोका की हत्या कर दी गयी और उसकी सेना पीछे हट गयी। आइनमुल्क मुल्तानी को अपनी इस शानदार विजय के लिए मालवा का शासक नियुक्त कर दिया गया।

1308 ईस्वी में अलाउदीन खिलजी ने मारवाड़ पर आक्रमण बोल दिया। उस समय मारवाड़ का राजा सातल देव था जो वहा के प्रसिद्ध सिवाना दुर्ग का शासक भी था। अलाउदीन खिलजी ने इस बार मलिक कमलुदीन को अपना सेनापति बनाकर मारवाड़ पर आक्रमण के लिए भेजा।

एक भयंकर संग्राम के बाद मारवाड़ी सेना की हार हुयी और सातल देव को पकडकर उसकी हत्या कर दी गयी। इसके बाद अलाउदीन खिलजी का अगला निशाना जालोर था जिसमे पहले युध्द अभियान में दो कान्हड़ देव सोंगरा की सेना ने खिलजी की सेना को हरा दिया था इसलिए इस बार उसने अपने विश्वसनीय मालिक कमलुदीन को हिन्दू सेनाओ से लड़ने के लिए भेजा और इस बार सफलतापूर्वक जालोर पर उसने कब्जा कर लिया।

दक्षिण

1306–07 में खिलजी ने दो अभियान पूरे किये। पहला राय

करन के खिलाफ, जो गुजरात हारने के बाद बंग्लाना पर कब्जा जमाए बैठा था। हालाँकि उसकी पत्नी कमलादेवी अब खिलजी की मुख्य बेगम बन चुकी थी।

बांग्लाना में राजा करन की बेटी देवला देवी उसके साथे थी। अब खिलजी ने राय करन को गद्दी से हटाने और देवला देवी को दिल्ली लाने का अभियान शुरू कर दिया, जिसमे वो सफल रहा और देवला देवी को दिल्ली में अपनी माँ कमलादेवी के पास भेज दिया गया। दिल्ली में अलाउदीन खिलजी के बड़े बेटे खिज्जर खान के साथ उसका विवाह कर दिया गया।

दूसरा युद्ध अभियान देवगढ़ के राजा रामचंद के खिलाफ था इसके लिए । खिलजी ने अपने गुलाम सेनापति मालिक काफूर को भेजा। राजा रामचन्द्र की हार हुयी और राय रामचन्द्र में अपनी सत्ता सहित अपना पद दिल्ली को सौंप दिया। इसके बदले में राय रामचन्द्र को गुजरात का शासक नियुक्त कर दिया गया और उसकी एक बेटी जत्यापली का विवाह अलाउदीन खिलजी से कर दिया गया।

इस संधि की वजह से अलाउदीन को अपने दक्कन विजय अभियान में काफी मदद मिली थी। लेकिन 1315 में राय रामचन्द्र की मौत के बाद उसके बेटो ने दिल्ली की चाकरी करना बंदकर विद्रोह किया। मालिक काफूर तुरंत वहा पहुचा और विद्रोहियों को कुचलकर सत्ता अपने हाथ में ले ली थी।

1303 में वारंगल के लिए चलाये प्रथम युद्ध अभियान में ही खिलजी की सेना को काकतीय वंश के हाथो मात खानी पड़ी। इसके छः साल बाल मालिक काफूर की अगुआई में दुसरी बार वारंगल पर धावा बोला गया। काफूर अपनी 10000 सैनिको के साथ वारंगल पर कब्जा करने में सफल रहा और प्रतापरूद्र को हर्जाना भरने के लिए बाध्य किया।

प्रतापरूद्र ने उस समय अपने खजाने से उस समय विश्व का

सबसे मशहूर हीरा कोहिनूर खिलजी को सौंप दिया। **इस घटना को अमीर खुसरो ने खुद अपनी आँखों से देखकर अपनी पुस्तक में लिखा था।**

देवगिरी और वारंगल पर कब्जा करने के बाद खिलजी ने मालिक काफूर को हैलेबिडु होयसल साम्राज्य के राजा वीर बल्लाल द्वितीय खिलाफ युद्ध के लिए भेजा।

वीर बल्लाल की हार हुयी और उसे हर्जाना भुगतना पड़ा और उसे जागीरदार बना दिया गया। अलाउदीन खिलजी की मौत के एक दशक बाद दक्षिण की सभी शासकों ने संगठन बनाकर दिल्ली सल्तनत से खुद को मुक्त करा लिया।

खिलजी की दर्दनाक मौत (क्षोत मलिक मोहम्मद जायसी की रचना)

खिलजी को अपने अंतिम दिनों में काफी दर्द से गुजरना पड़ा था जो उसको मिली लाखों लोगों की बद्दुआ का असर था। उसको एक बीमारी हो गयी थी जिससे उसका पूरा शरीर सूज गया था और जनवरी 1316 को उसके इस दर्द का अंत हुआ और उसकी मौत हो गयी।

दिल्ली के कुतुब काम्प्लेक्स में आज भी उसका मकबरा सुरक्षित है और उसको समर्पित एक मदरसा भी यहाँ मौजूद है। कई इतिहास कार उसे एक पराक्रमी और महान शासक बताते हैं।

जो अपने बुरे कर्मो की वजह से इतिहास में धुंधला गया। अलाउदीन खिलजी की मौत के महज चार साल बाद खिलजी वंश का अंत हो गया।

अलाउद्दीन खिलजी वाकई खलनायक था या उसे जानबूझकर इस तरह पेश किया गया?

इतिहास में ऐसे कई प्रसंग हैं जहां मलिक मोहम्मद जायसी के

'पद्मावत' का खलनायक अलाउद्दीन खिलजी कुछ और ही नजर आता है :–

बादशाह के एसे न बोलू, चढ़े तो परे जगत मह डोलू,

सूर ही चढ़त लाग नहिं वारा, दहक आग तेहि स्वर्ग पतारा।

पर्वत उड़हिं सूर के फूंके, ऐहि गढ़ क्षीर होई एक झोंके,

धंसे सुमेरु समुद्र गा पाटा, भूमी डोल शेष फन फाटा।

– लड़ाई राजा और बादशाह, पद्मावत

मलिक मोहम्मद जायसी ने 16वीं शताब्दी में जो पद्मावत नाम का महाकाव्य लिखा था उसमें दिल्ली के सुल्तान अलाउद्दीन खिलजी की वीरता से जुड़े न जाने कितने प्रसंग हैं। जिसमें बादशाह की शान में कसीदे पढ़े गए हैं। मसलन जब वह युद्ध की तैयारी करता था तो 'इंद्र भी एक बार घबरा जाते थे।

उसकी सेना जब चलती थी तो 'दुर्ग हिलने लगते थे और उनमें बैठे राजा कांपने लगते थे.' लेकिन अवधी भाषा में लिखे जायसी के इस महाकाव्य में यह स्तुतिगान कहानी के खलनायक (खिलजी) का है। और इसके असल नायक चित्तौड़ के रावल रतन सेन इस स्तुतिगान में कहीं दबे से नजर आते हैं।

निश्चित ही जायसी का वर्णन अतिशयोक्ति से भरा है फिर भी खिलजी की शक्ति और उसकी शक्तिशाली सेना की झलक भी देता है। और खिलजी सिर्फ सामरिक स्तर पर शक्तिशाली था ऐसा भी नहीं है। वह कूटनीति में भी उतना ही माहिर था। इन्हीं दोनों चीजों के बल पर उसने 14वीं शताब्दी में दिल्ली की एक छोटी सी रियासत को बड़े साम्राज्य में बदल दिया। वह पढ़ा–लिखा नहीं था। फिर भी उसने अपने शासनकाल में एक नई कर प्रणाली ईजाद की जो काफी सफल रही। इस कर प्रणाली की रूपरेखा काफी हद तक 20वीं सदी तक शासन करने वाले दिल्ली के बाद के शासकों ने भी

अपनाई।

एक शासक के तौर पर उसकी उपलब्धियां अलाउद्दीन खिलजी को नायक का दर्जा दिए जाने के लिए काफी हैं। फिर भी 16वीं सदी के काल्पनिक इतिहास के कई लेखकों ने उसे अपनी रचनाओं में खलनायक की तरह पेश किया है।

इन्हीं में एक पद्मावत है जिसमें अपनी खूबसूरती के लिए मशहूर रानी पद्मावती के लिए चित्तौड़ के दुर्ग पर खिलजी के सैन्य अभियान का वर्णन है। ऐसी एक अन्य काल्पनिक रचना है, **'छिताई वार्ता'** जिसे **नारायण दास** ने लिखा था। इसमें छिताई की रानी के लिए देवगिरी पर सुल्तान के सैन्य अभियान का विवरण दिया गया है।

ऐसे में सवाल उठ सकता है कि दिल्ली की गद्दी पर बैठने वाले कुछ चुनिंदा महान शासकों में से एक अलाउद्दीन खिलजी को 16वीं सदी के इन लेखकों ने 'राक्षस' की तरह पेश क्यों किया। अगर किसी की महानता को सिर्फ उसके दुश्मनों से तौला जाए तो खिलजी इस मामले में बहुत–बहुत आगे नजर आता है।

यही नहीं उसकी नीतियां भी ऐसी थीं कि कोई ऐलफ (निचले तबके में जन्मा) ताकतवर स्थिति तक पहुंच सकता था और अशरफ (कुलीन वर्ग का सदस्य) अपना रुतबा खो सकता था। जिया–उद–दीन बरनी की किताब तारीख–ए–फिरोजशाही में यह बात दर्ज है।

अलाउद्दीन खिलजी की कर प्रणाली की ही बात करें तो उसने हर किसान के लिए उसकी फसल का आधा हिस्सा कर के तौर पर देना निश्चित कर दिया था। लेकिन वह भी पूरी सावधानी से खेती के लायक जमीन की नपती के बाद सिर्फ यही नहीं उसने राजस्व वसूली में सक्रिय भ्रष्ट बिचौलियों पर लगाम कसी उन्हें दिए गए विशेषाधिकार छीन लिए. खिलजी के शासनकाल से पहले खोत, मुकद्दम, चौधरी जैसी जातियों को यह छूट थी कि वे घरी (आवास कर) और चराई (जानवरों को चराने के बदले दिया जाने वाला कर)

जैसे कर अपनी जेब से चुकाने के बजाय किसानों से वसूलकर चुका सकते हैं।

लेकिन वे राज्य द्वारा तय करों से ज्यादा रकम वसूलते थे और बचा हिस्सा अपनी जेब में रख लेते थे. खिलजी ने यह व्यवस्था खत्म कर दी इसके अलावा बिचौलिए हुकूक–ए–खोटी और किस्मत–ए–खोटी जैसे कई कर भी किसानों से वसूलते थे। खिलजी ने उन्हें भी खत्म कर दिया।

बरनी के मुताबिक यह व्यवस्था इसलिए लागू की गई ताकि अमीरों का बोझ गरीब और कमजोर तबकों को न उठाना पड़े. हालांकि यह विवरण भी अतिशयोक्ति ही हो सकता है क्योंकि खिलजी की कर व्यवस्था बहुत भारी और प्रतिगामी थी। लेकिन अतिरिक्त करों को हटाने से किसानों को थोड़ी मात्रा में ही सही, राहत तो मिली थी। अलाउद्दीन खिलजी ने यह सुनिश्चित भी किया कि उसके बनाए नियम सख्ती से लागू हों इसके लिए उसने अपना खुफिया तंत्र भी स्थापित किया था।

खिलजी के संबंध में एक और दिलचस्प तथ्य इतिहासकार **राम्या श्रीनिवासन** और **इरफान हबीब** सामने रखते हैं। **राम्या** के मुताबिक खिलजी की कर प्रणाली में जिन बिचौलियों का दाना–पानी बंद हुआ वे एक खास सामाजिक समूह से आते थे।

इस समूह को 16वीं शताब्दी के बाद 'राजपूत' के तौर पर पहचाना गया। इसी तरह इरफान भी 18वीं सदी के कुछ सूत्रों का हवाला देकर बताते हैं कि हिंदुस्तान में मुस्लिमों का शासन स्थापित होने से पहले तक राजा किसानों और आम जनता से कर वसूलते थे। इन राजाओं के वंशज ही राजपूत कहलाए. लेकिन खिलजी के शासनकाल में और उसकी कर प्रणाली के अमल में आने का इन राजपूतों पर काफी असर पड़ा।

16वीं सदी के राजपूतों के पूर्वजों से खिलजी की दुश्मनी भी जगजाहिर है। लेकिन अपनी सैन्य ताकत के बलबूते उसने हमेशा

यह सुनिश्चित करने की कोशिश की कि उसके खिलाफ कहीं कोई आवाज न उठा सके और उसकी सैन्य ताकत कितनी थी इसका अंदाजा इसी बात से लग सकता है कि उसने एक बार नहीं बल्कि कई बार मंगोल आक्रमणकारियों को हिंदुस्तान के दहलीज से उल्टे पांव लौटा दिया। ये मंगोल वही थे जिन्होंने एक वक्त ईरान से लेकर चीन तक हर जगह अपना परचम फहरा दिया था। जाहिर तौर पर उन्हें पराजित करना कोई आसान काम नहीं था। यही नहीं, खिलजी ने स्थिर शासन भी दिया।

उदाहरण के तौर पर 1303 ईस्वी में सीरी की लड़ाई में मंगोलों को हराने के बाद खिलजी ने दिल्ली के बाजार में मूल्य नियंत्रण प्रणाली शुरू की। इससे कीमतें तो कम हुईं ही मेहनताना भी घट गया। यानी सुल्तान के खजाने में राजस्व की आवक जहां अनवरत बनी हुई थी वहीं वह बेहद कम लागत पर अपनी सेना का भी विस्तार कर सकता था।

जो उसने किया भी यह रणनीति कारगर रही और उसने एक बार फिर अमरोहा और रावी की लड़ाईयों में मंगोलों को शिकस्त दी अपने राज्य को शक्तिशाली मंगोलों से सुरक्षित करने की इन उपलब्धियों के बाद खिलजी की गणना भारतीय उपमहाद्वीप की बड़ी ताकतों में होने लगी थीं और हिंदुस्तान के भीतर तो वह बड़ी ताकत था। यही नहीं इसके बाद उसने दकखन, राजस्थान और गुजरात जैसे इलाकों में अपने सैन्य अभियान चलाया और लगातार जीत हासिल कि बिना किसी बड़े प्रतिरोध के एक के बाद एक रियासतें उसके साम्राज्य में मिलती गईं। बताते हैं कि जब तक वह जिंदा रहा कोई भी खोत, मुकद्दम या चौधरी (राजपूतों के पूर्वज) उसके खिलाफ आवाज बुलंद नहीं कर पाया और यह दंश शायद राजपूतों को सदियों तक लगातार सालता रहा।

शायद इसीलिए माना जाता है कि अपनी खोई प्रतिष्ठा को हासिल करने के लिए 16वीं शताब्दी में राजपूतों ने खिलजी की छवि को नुकसान पहुंचाने के लिए काल्पनिक महाकाव्य लिखवाए इनमें

उसे ऐसे शासक के तौर पर पेश किया जो यौनांध था, पागल सरीखा था।

इस मान्यता का मजबूत आधार भी है क्योंकि पद्मावत लिखने वाले जायसी को राजपूत राजा जगत देवा का संरक्षण मिला हुआ था। जबकि छिताई वार्ता लिखवाने के लिए एक अन्य राजपूत राजा सिलहदी पूरबिया ने आर्थिक मदद की थी। ये दोनों ही राजा सुल्तान (खिलजी) से इसलिए अपनी दुश्मनी मानते थे क्योंकि उसने इनके पूर्वजों को नेस्तनाबूद किया। उन्हें परास्त किया। उन्हें अधिकारहीन किया।

वैसे जायसी के पास खिलजी को खलनायक की तरह पेश करने की अपनी वजह भी थी। अपने साम्राज्य और प्रभाव क्षेत्र के विस्तार के दौरान खिलजी ने गंगा–जमुना के दोआब वाले इलाके में कई धार्मिक संत–फकीरों को मिलने वाले कर–मुक्त अनुदान आदि खत्म कर दिए थे। इनमें कई सूफी संत भी शामिल थे। चूंकि जायसी सूफी विचारधारा के समर्थक थे इसलिए उनके लिए खिलजी स्वाभाविक खलनायक बन गया। इसकी झलक उनकी काव्य रचना में भी दिखी।

हालांकि यही खिलजी के लिए किसी नायक से कम नहीं था। क्योंकि उसने इन लोगों के गुणों को पहचाना और यह देखे बिना कि कौन किस तबके से आता है, उन्हें तरक्की दी हालांकि इतिहास में ऐसे आम लोगों के किस्से–कहानियों को जगह कहां मिलती है! इसीलिए मृत्यु के बाद खिलजी को राजपूतों के संरक्षण में लिखे गए काल्पनिक ऐतिहासिक किस्सागोई में खलनायक बता दिया गया और ये राजपूत भी वे थे जिन्हें सुल्तान के दरबार में जगह नहीं मिली या फिर जिन्हें खिलजी की वजह से अपना काफी–कुछ गंवाना पड़ा।

अतः इस तरह ऐतिहासिक तथ्यों से छेड़छाड़ कर इन राजपूतों ने खुद को नायक की तरह स्थापित भी कर दिया। इसका सबसे अच्छा प्रमाण पद्मावत ही है। इसके बावजूद अलाउद्दीन खिलजी की उपलब्धियों को पूरी तरह नजरंदाज नहीं किया जा सकता।

अलाउद्दीन खिलजी की भारत को देन

अलाउद्दीन खिलजी, भारत के महानतम राजा और विश्व की सबसे बड़ी सैन्य प्रतिभाओं में से एक थे। वह 1266 ईस्वी में दिल्ली में पैदा हुए। और 1296 से 1316 तक दिल्ली के सुल्तान के रूप में शासन किया। अपने शासन के दौरान खिलजी ने काफी हद तक अपने साम्राज्य का विस्तार किया।

उन्होंने अपने चाचा, सुल्तान जलालुद्दीन खिलजी की हत्या कर शासन पर कब्जा किया किया था, चूंकि उनके कई विजय हिन्दू साम्राज्यों के थे, जिनमें चित्तौड़, देवगिरी, वारंगल (जहां उन्होंने प्रसिद्ध कोहिनूर हीरे का अधिग्रहण किया था), गुजरात, रणथंभौर, और होसैल और पंड्या साम्राज्यों सहित राज्यों में खिलजी को अक्सर हिंदुत्व के खलनायक के रूप में देखा जाता है।

लेकिन वास्तव में अलाउद्दीन खिलजी को एक बड़ा शासक माना जाता है। इसका कारण यह है कि उनके शासनकाल में, चंगताई खानते के मंगोल ने भारत पर एक नहीं पांच बार आक्रमण किया लेकिन खिलजी ने अपनी सैन्य प्रतिभा के आधार पर हर बार मंगोलों को पराजित किया। 1298 में (उसूक खान की अगुवाई में), 1299 सिंध में (जफर खान की अगुवाई), 1299 दिल्ली में (मंगोलों के विरुद्ध खुद को सेना प्रमुख), 1305 (मलिक नायक के नेतृत्व में,इसमें मंगोलों के 8000 सैनिक मारे गए), और 1306 (मलिक काफुर के नेतृत्व में) और 1303 के छठे मंगोल आक्रमण "ड्रॉ" रहा(इस जंग में भी खिलजी ने खुद से सेना की अगुवाई की थी), जहां मंगोल खिलजी को हराने में असमर्थ थे, लेकिन दिल्ली पद से हटाने में समक्ष रहे थे ।

उनदिनों मंगोल को हराना आसान काम नहीं था जब के मंगोल ने पूरी दुनिया चाहे वह रूसी साम्राज्य, या शक्तिशाली फारसी साम्राज्य या बगदादी खलीफा हो –खतरनाक मंगोलों के सामने सब ने अपने घुटने टेक दिए थे। खिलजी ने न ही उन्हें 5 बार हराया

जबकि छठी बार लड़ाई बेनतीजा रही थी, खिलजी के नीचे दिल्ली सल्तनत की सेनाएं दुनिया में सबसे अधिक अनुशासित और अच्छी तरह से प्रशिक्षित थीं, और यही वजह थी मंगोलों को बार–बार पराजित कर पाना मुमकिन हो पाया था।

अब, जो लोग मंगोलों के बारे में नहीं जानते हैं वे ये सवाल पूछते हैं कि "इस में कौन बडी बात थी"? एक मुस्लिम शासक जिसके पूर्वज विदेशी आक्रमणकारी थे उसने एक और विदेशी आक्रमणकारी को हरा दिया!

मंगोलों में युद्ध का संचालन करने का एक बहुत ही अनोखा तरीका था। जब वो एक देश जीत लिया करते थे उस देश का नेस्तो नाबूद कर मिटा दिया करते थे – वहाँ मौजूद सभ्यता का नामो निशान तक मिटा दिया जाता था। विजय पाने के बाद वो कभी वहां अपनी सल्तनत कायम नहीं करते थे।

बल्कि जो कुछ वो लूट सकते थे वो लूट कर अपने देश मंगोलस ले जाते, वे महिलाओं को दासी बना कर ले जाते और पुरुषों को मार डालते थे और अपने पीछे बंजर जमीन छोड़ जाते इन्हीं कारणों की वजह से मंगोलों को "ईश्वर का संकट" कहा जाता था। यदि मंगोलों ने भारत पर विजय प्राप्त की होती तो भारत को अपने विकास में कम से कम दो या तीन सौ साल पहले पीछे चला गया होता। सभी ज्ञान और संस्कृति जो भारत में मिलियन पर जमा हुई थी नष्ट हो जाती। हर पुस्तकालय, हर स्कूल, हर मंदिर, हर घर जल कर ध्वस्त हो गया होता।

कहा जाता है कि जब मंगोल के हलाकू खान ने 1258 में बगदाद पर विजय प्राप्त की थी, तब उन्होंने पूरे शहर को बुरी तरह तबाह बर्बाद कर दिया था। उन्होंने अब्बासीद साम्राज्य के सभी महान पुस्तकालयों को नष्ट कर दिया (यह कहा जाता है कि नदियाँ स्याही` से काली हो गई थी। क्योंकि उन्होंने किताबों को आग लगा कर नदी में फेक दिया था), और कहा जाता है की युफ्रेट्स और

टाइग्रिज में हफ्तों तक सड़कों पर खून की नदियां बहती रही थी। मंगोलों के आक्रमण करने के बाद इसी तरह की बात रूस के साथ हुई। यह माना जाता है कि रूस के विकास को मंगोल के अक्रमण ने 200 साल पीछे कर दिया।

मंगोलों को किसी अन्य हमलावर की तरह नहीं देख सकते जैसे इब्राहिम लोदी बाबर से हार गए थे। उस मामले में, एक मुस्लिम शासक को दूसरे के स्थान पर ले लिया गया, इससे भारत का कोई बहुत बड़ा नुकसान नहीं हुआ लेकिन अगर मंगोल खिलजी के खिलाफ जीत जाता, तो वह दुनिया के नक्शे पर भारतीय सभ्यता को मिटा देता और आज हम ये बहस नहीं कर रहे होते कि किस ने मदिर की जगह मस्जिद बना ली, और हमारा इतिहास मिट गया होता । यदि आज हमारे पास हिन्दू संस्कृति है तो उसके लिए एक बड़ा श्रेय अलाउद्दीन खिलजी को जाता है जो इतिहास के सबसे महान योद्धाओं और राजाओं में से एक है। जब वो दिल्ली के गद्दी पर था तब उनके हिन्दुओं से कुछ मतभेद हो सकते हैं लेकिन अलाउद्दीन खिलजी ने मंगोल से भारत को बचा कर असल में हिन्दू संस्कृति और हिन्दू धर्म की रक्षा की है ।

मंगोल की पराजय

एक समय था, जब खानाबदोश कबीलों वाले मंगोल सेना का खौफ पूरे विश्व में था। उनका नाम सुनने भर से ही बड़े से बड़े शासक सहम जाते थे। कहते हैं कि वह जहां से गुजरते थे, लाशें बिछा देते थे।

कई सारे शासकों ने उनका सामने करने की कोशिश की, लेकिन टिक नहीं पाये। इसी कड़ी में अलाउद्दीन खिलजी ने भी मंगोल से दो–दो हाथ करने का मन बनाया और उन पर चढ़ाई कर दी इसका परिणाम यह रहा कि वह मंगोलों को जालंधर (1296), किली (1299), अमरोहा (1305) और रावी (1306) की लड़ाइयों में पराजित करने में सफल रहा।

उसने मंगोलों पर कुछ इस तरह अपना कहर बरपाया कि कई मंगोलों ने डरकर इस्लाम तक कबूल कर लिया था। यहां तक कि वह खिलजी साम्राज्य के आसपास ही बस गये। मंगोलों का यह रवैया खिलजी को रास नहीं आया उसे उन पर बिल्कुल भी विश्वास नहीं था। वह जानता था कि मंगोल उसे धोखा दे सकते हैं। असल में मंगोल इस तरह की रणनीति में बहुत माहिर थे।

अंततः उसने फैसला किया कि वह किसी भी मंगोल को जिंदा नहीं छोड़ेगा। इसी कड़ी में उसने लगभग 30,000 मंगोलों को मौत के घाट उतार दिया और उनके परिवारों को अपना गुलाम बना लिया इसी तरह दक्षिण भारत के वारंगल के काकतीय साम्राज्य की तरफ भी कोई आंख उठा कर नहीं देखता था। अलाउद्दीन को जब यह पता चला तो उसने 1303 ईं में काकतीय सेना पर हमला कर उसे हराते हुए इतिहास रच दिया।

अलाउद्दीन का 'पद्मावती' के साथ सम्बंध

भारतीय उपमहाद्वीप के दक्षिण में अपने आतंक के लिए जाने, जाने वाले अलाउद्दीन खिलजी का नाम राजस्थान के इतिहास में भी दर्ज है। राजस्थान का एक राज्य था चित्तौड़। उसके राजा हुआ करते थे रतन सिंह उनकी पत्नी का नाम पद्मावती था, जो बेहद सुंदर थीं। इतनी सुंदर कि दूर–दूर तक उनकी ख्याति फैली थी। अलाउद्दीन को इसकी जब जानकारी हुई तो वह पद्मिनी को पाने के लिए लालायित हो उठा।

माना जाता है कि उन्हें पाने के लिए उसने चित्तौड़ दुर्ग पर चढ़ाई कर दी थी। यह बात और है कि वह रानी के किले में घुस नहीं पाया। मजबूरन उसने कूटनीति का सहारा लिया और राजा रतन सिंह को बंदी बना लिया। इसके बाद उसने रतन सिंह को छोड़ने के बदले रानी पद्मावती की मांग की हालांकि, अंत में रानी पद्मावती ने उसको उसकी चाल में मात दे दी थी।

वैसे इस घटना का जिक्र किसी भी ऐतिहासिक दस्तावेज में

नहीं मिला है, किन्तु किवदंतियां इसे सही ठहराती आई हैं।

'बाईसेक्सुअल' (द्विलिंगीया) था अलाउद्दीन खिलजी!

खबरों की माने तो अलाउद्दीन खिलजी और उनके गुलाम मलिक काफूर के बीच शारीरिक संबंध थे। कहा जाता है कि एक युद्ध के बाद अलाउद्दीन खिलजी मानसिक रुप से बीमार हो गया था। इसी दौरान काफूर ने उनकी खूब देख–रेख की चूंकि, काफूर के साथ उसका काफी वक्त गुजरने लगा था। इसलिए वह उससे प्यार कर बैठा। इसमें कब उसने अपनी हदें पार कर उस खुद पता नहीं चला।

बाद में वह काफूर का लती हो गया! उसके संबंध काफूर के साथ कुछ इस तरह हो गये थे कि उसने अपनी सत्ता की बागडोर तक उसके हाथों में दे दी। हालांकि, इसको लेकर लोगों के अलग–अलग मत हैं, लेकिन **'इवोल्यूशन ऑफ एजुकेशनल थॉट्स इन इंडिया'** में दोनों की प्रेम कहानी का साफ तौर पर जिक्र मिलता है। इसके अलावा मशहूर किताब **'तारीख–ए–फिरोजशाही'** में भी **इसका खुलासा किया गया है।**

कहते हैं कि जो दिल के सबसे करीब होता है, वही सीने में खंजर भोंकता है। अलाउद्दीन खिलजी के साथ भी ऐसा ही हुआ। खिलजी का पुरुष प्रेम ही उसके अंत का कारण बना। मलिक काफूर, जिनके साथ कथित तौर पर अलाउद्दीन के नाजायज संबंध थे, उसी ने ही खिलजी को जहर देकर मार दिया।

असल में मलिक काफूर की नियत बिगड़ गई थी। वह अलाउद्दीन की सत्ता हथियाने का के सपने देखने लगा था। खिलजी को भले ही दिल्ली के मजबूत शासकों में गिना जाता हो, लेकिन इसमें दो राय नहीं कि वह खूनी, लुटेरा, क्रूर और समलिंगी व्यक्ति था। शायद इसीलिए ही उसे लोग इतिहास के पन्नों के दर्ज एक 'कुख्यात विलेन' कहने से नहीं कतराते।

साम्राज्य विस्तार

अलाउद्दीन खिलजी साम्राज्यवादी प्रवृत्ति का व्यक्ति था। उसने उत्तर भारत के राज्यों को जीत कर उन पर प्रत्यक्ष शासन किया। दक्षिण भारत के राज्यों को अलाउद्दीन ने अपने अधीन कर उनसे वार्षिक कर वसूला।

गुजरात विजय

1298 ई. में अलाउद्दीन ने उलूग खाँ एवं नुसरत खाँ को गुजरात विजय के लिए भेजा। अहमदाबाद के निकट 'बघेल राजा कर्ण' (राजकरन) और अलाउद्दीन की सेना में संघर्ष हुआ।

राजा कर्ण ने पराजित होकर अपनी पुत्री 'देवल देवी' के साथ भाग कर देवगिरि के शासक रामचन्द्र देव के यहाँ शरण ली। अलाउद्दीन खिलजी कर्ण की सम्पत्ति एवं उसकी पत्नी कमला देवी को साथ लेकर वापस दिल्ली आ गया।

कालान्तर में अलाउद्दीन खिलजी ने कमला देवी से विवाह कर उसे अपनी सबसे प्रिय रानी बनाया। यहीं पर नुसरत खाँ ने हिन्दू हिजड़े मलिक काफूर को एक हजार दीनार में खरीदा। युद्ध में विजय के पश्चात् सैनिकों ने सूरत, सोमनाथ और कैम्बे तक आक्रमण किया।

जैसलमेर विजय

अलाउद्दीन खिलजी की सेना के कुछ घोड़े चुराने के कारण सुल्तान खिलजी ने जैसलमेर के शासक दूदा एवं उसके सहयोगी तिलक सिंह को 1299 ई. में पराजित किया और जेसलमेर की विजय की।

रणथम्भौर विजय

रणथम्भौर का शासक हम्मीरदेव अपनी योग्यता एवं साहस के

लिए प्रसिद्ध था। अलाउद्दीन के लिए रणथम्भौर को जीतना इसलिए भी आवश्यक था, क्योंकि हम्मीरदेव ने विद्रोही मंगोल नेता मुहम्मद शाह एवं केहब को अपने यहाँ शरण दे रखी थी, इसलिए भी अलाउद्दीन रणथम्भौर को जीतना चाहता था।

अतः जुलाई, 1301 ई. में अलाउद्दीन ने रणथम्भौर के किले को अपने कब्जे में कर लिया। हम्मीरदेव वीरगति को प्राप्त हुआ। अलाउद्दीन ने रनमल और उसके साथियों का वध करवा दिया, जो हम्मीरदेव से विश्वासघात करके उससे आ मिले थे।

'तारीख–ए–अलाई' एवं 'हम्मीर महाकाव्य' में हम्मीरदेव उसके परिवार के लोगों का जौहर द्वारा मृत्यु प्राप्त होने का वर्णन है। रणथम्भौर युद्ध के दौरान ही नुसरत खाँ की मृत्यु हुई।

चित्तौड़ आक्रमण एवं मेवाड़ विजय

मेवाड़ का शासक राणा रतन सिंह था, जिसकी राजधानी चित्तौड़ थी। चित्तौड़ का किला सामरिक दृष्टिकोण से बहुत सुरक्षित स्थान पर बना हुआ था। इसलिए यह किला अलाउद्दीन की निगाह में चढ़ा हुआ था। कुछ इतिहास कारों ने अमीर खुसरो के रानी शैबा और सुलेमान के प्रेम प्रसंग के उल्लेख आधार पर और 'पद्मावत की कथा' के आधार पर चित्तौड़ पर अलाउद्दीन के आक्रमण का कारण रानी पद्मिनी के अनुपम सौन्दर्य के प्रति उसके आकर्षण को ठहराया है। अन्ततः 28 जनवरी, 1303 ई. को सुल्तान चित्तौड़ के किले पर अधिकार करने में सफल हुआ। राणा रतन सिंह युद्ध में शहीद हुआ और उसकी पत्नी रानी पद्मिनी ने अन्य स्त्रियों के साथ जौहर कर लिया। किले पर अधिकार के बाद सुल्तान ने लगभग 30,000 राजपूत वीरों का कत्ल करवा दिया। उसने चित्तौड़ का नाम खिज्र खाँ के नाम पर 'खिज्राबाडी' रखा और खिज्र खाँ को सौंप कर दिल्ली वापस आ गया।

चित्तौड़ को पुनः स्वतंत्र कराने का प्रयत्न राजपूतों द्वारा जारी था। इसी बीच अलाउद्दीन ने खिज्र खाँ को वापस दिल्ली बुलाकर

चित्तौड़ दुर्ग की जिम्मेदारी राजपूत सरदार मालदेव को सौंप दी। अलाउद्दीन की मृत्यु के पश्चात् गुहिलौत राजवंश के हम्मीरदेव ने मालदेव पर आक्रमण कर 1321 ई. में चित्तौड़ सहित पूरे मेवाड़ को आजाद करवा लिया। इस तरह अलाउद्दीन की मृत्यु के बाद चित्तौड़ एक बार फिर पूर्ण स्वतन्त्र हो गया।

मालवा विजय

मालवा पर शासन करने वाला महलकदेव एवं उसका सेनापति हरनन्द (कोका प्रधान) बहादुर योद्धा थे। 1305 ई. में अलाउद्दीन ने मुल्तान के सूबेदार आईन–उल–मुल्क के नेतृत्व में एक सेना को मालवा पर अधिकार करने के लिए भेजा। दोनों पक्षों के संघर्ष में महलकदेव एवं उसका सेनापति हरनन्द मारा गया।

नवम्बर, 1305 में किले पर अधिकार के साथ ही उज्जैन, धारानगरी, चंदेरी आदि को जीत कर मालवा समेत दिल्ली सल्तनत में मिला लिया गया। 1308 ई. में अलाउद्दीन ने सिवाना पर अधिकार करने के लिए आक्रमण किया। वहाँ के परमार राजपूत शासक शीतलदेव ने कड़ा संघर्ष किया, परन्तु अन्ततः वह मारा गया। कमालुद्दीन गुर्ग को वहाँ का शासक नियुक्त किया गया।

जालौर

जालौर के शासक कान्हणदेव ने 1304 ई. में अलाउद्दीन की अधीनता को स्वीकार कर लिया था। पर धीरे–धीरे उसने अपने को पुनः स्वतन्त्र कर लिया। 1305 ई. में कमालुद्दीन गुर्ग के नेतृत्व में सुल्तान की सेना ने कान्हणदेव को युद्ध में पराजित कर उसकी हत्या कर दी।

इस प्रकार जालौर पर अधिकार के साथ ही अलाउद्दीन की राजस्थान विजय का कठिन कार्य पूरा हुआ। 1311 ई. तक उत्तर भारत में सिर्फ नेपाल, कश्मीर एवं असम ही ऐसे भाग बचे थे, जिन पर अलाउद्दीन अधिकार नहीं कर सका था। उत्तर भारत की विजय

के बाद अलाउद्दीन ने दक्षिण भारत की ओर अपना रुख किया।

शिहाबुद्दीन उमर खिलजी

शिहाबुद्दीन उमर खिलजी, अलाउद्दीन खिलजी का पुत्र था। मलिक काफूर के कहने पर अलाउद्दीन ने अपने पुत्र 'खज्रि खाँ' को उत्तराधिकारी न बना कर अपने 5–6 वर्षीय पुत्र शिहाबुद्दीन उमर को उत्तराधिकारी नियुक्त कर दिया।

अलाउद्दीन की मृत्यु के बाद काफूर ने शिहाबद्दीन को सुल्तान बना कर सारा अधिकार अपने हाथों में सुरक्षित कर लिया। लगभग 35 दिन के सत्ता उपभोग के बाद काफूर की हत्या अलाउद्दीन के तीसरे पुत्र मुबारक खिलजी ने करवा दी। काफूर की हत्या के बाद वह स्वयं सुल्तान का संरक्षक बन गया और कालान्तर में उसने शिहाबुद्दीन को अंधा करवा कर कैद करवा दिया।

कुतुबुद्दीन मुबारक खिलजी

मुबारक शाह दिल्ली का प्रथम शासक था जिसने अपने को खलीफा घोषित किया और उसने अलबसिक बिल्लाह की उपाधि ली। इस नये शासक के प्रारम्भिक वर्ष सफल रहे तथा उसने अपने पिता के कठोरतर आदेशों को रद्द कर दिया। राजनैतिक बन्दी मुक्त कर दिए गये। स्वर्गीय सुल्तान द्वारा जब्त की गयी कुछ भूमि तथा जागीरें पुनः उनके मूल अधिकारियों को लौटा दी गयीं। अनिवार्य चुंगी उठा दी गयी। इससे निस्सन्देह लोगों को सन्तोष हुआ, पर जैसा **कि बरनी** लिखता है।

राजकीय प्रभुता के प्रति भय तथा आतंक लुप्त हो गये। इनके अतिरिक्त, सुल्तान शीघ्र विषय–सुख में लिप्त हो गया। फलस्वरूप वह आलसी बन गया और राज्य के हितों की बड़ी हानि होने लगी। उसके उदाहरण का लोगों पर भी प्रभाव पड़ा। **बरनी** लिखता है कि– (अपने) चार वर्षों तथा चार महीनों (के शासन काल) में सुल्तान ने मद्यपान, संगीत श्रवण, विषय–सुख तथा उपहार–वितरण के

अतिरिक्त कुछ भी नहीं किया।

वह गुजरात के एक नीच जाति के (परवारी) हाल में बने मुसलमान के प्रभाव में पूर्ण रूप से आ गया। उसे उसने खुसरो खाँ की उपाधि दी तथा अपने राज्य का प्रधानमंत्री बना दिया। वह प्रियपात्र, सिंहासन पर अधिकार जमा लेने के गुप्त अभिप्राय से, निर्लज्जतापूर्वक अपने स्वामी की नीच रुचियों में सहायता करने लगा।

हिन्दुस्तान के सौभाग्यवश इस राजत्वकाल में मंगोलों ने इस पर आक्रमण करने की चेष्टा नहीं की और न किसी तरफ कोई भारी उपद्रव ही हुआ। केवल दो विद्रोह हुए—एक गुजरात में तथा दूसरा देवगिरि में (जो दक्कन में है)। गुजरात के विद्रोह को ऐलुल्मुल्क ने अच्छी तरह दबा दिया तथा सुल्तान का ससुर जिसने उससे जफर खाँ की उपाधि पायी थी, वहाँ का शासक बना दिया गया।

सुल्तान स्वयं एक विशाल सेना लेकर देवगिरि के विरुद्ध चल पड़ा। सुल्तान के पहुँचने पर देवगिरि का हरपाल देव भाग गया। परन्तु उसका पीछा कर उसे पकड़ लिया गया तथा जीवित—अवस्था में ही उसकी खाल उतार ली गयी। इस तरह यादवों का सम्पूर्ण राज्य मुसलमानों के अधीन आ गया।

सुल्तान ने मलिक यक्लखी को देवगिरि का शासक नियुक्त किया। उसने खुसरो खाँ को तेलंगाना पर आक्रमण करने को भेजा। यह आक्रमण सफल रहा। देवगिरि में एक वर्ष तक ठहरने के बाद यहाँ उसने एक बड़ी मस्जिद बनवाई, सुल्तान दिल्ली लौट आया।

इन विजयों ने सुल्तान को मदान्ध कर दिया। राजपरिवार के बहुत से व्यक्ति मार डाले गये। मुबारक ने खिलाफत के प्रति भक्ति को हटाकर अपने को इस्लाम धर्म का सर्वोच्च प्रधान, स्वर्ग तथा पृथ्वी के अधिपति का खलीफा घोषित किया। इस प्रकार उसने दिल्ली के पूर्ववर्ती सुल्तानों की आदत से भिन्न काम किया। उसने अल—वासिक बिल्लाह की धर्म—प्रधान उपाधि धारण की।

परन्तु उसका शासन का राज्य अधिक समय तक नहीं टिक सका। खुसरो ने उसे हटाने की योजना बनायी। परन्तु सुल्तान उससे इतना अधिक प्रभावित था कि उसने अपने मित्रों की चेतावनी नहीं सुनी। अतः वह शीघ्र ही खुसरों के षड्यंत्र का शिकार बन गया। खुसरो के एक पारिवारिक मित्र ने अप्रैल 1320 ई. की एक रात को छुरा भोंक कर उसे मार डाला। इस प्रकार लगभग तीस वर्षों तक शासन करने के बाद खल्जी–राजवंश का अन्त हो गया।

अब खुसरो नसिरूद्दीन खुसरो शाह की उपाधि धारण कर दिल्ली की गद्दी पर बैठा तथा अपने सम्बन्धियों और स्वजातियों में, जिनसे उसे अपनी लक्ष्यपूर्ति में सहायता मिली थी। सम्मान तथा पारितोषिक का वितरण किया।

उसने राज्य का धन उन सरदारों का मुँह बन्द करने में नष्ट किया, जो उसका सिंहासन अपहरण स्वीकार करने को बाध्य हुए थे। उसने मृत सुल्तान के मित्रों तथा निजी सेवकों का संहार कर और उसके परिवार वालों का अपमान कर वास्तविक रूप में आतंकपूर्ण राज्य का उद्‌घाटन किया।

बरनी यहिया बिन अहमद सरहिन्दी तथा **इब्नबतूता** का कहना है कि खुसरो हिन्दुओं का पक्ष लेता था तथा उसके चार महीनों और कुछ दिनों के लघु शासन काल में हिन्दुओं का उत्कर्ष हुआ। जो कुछ भी हुआ हो, खुसरो का आचरण ही अलाई सरदारों को क्रुद्ध करने के लिए पर्याप्त था। उन्होंने शीघ्र ही सीमा प्रदेश के वफादार संरक्षक गाजी मलिक को नेता चुन लिया।

मुलतान के शासक ऐनुल्मुल्क के अतिरिक्त, जिससे उसे व्यक्तिगत ईर्ष्या थी, सभी सरदारों की सहायता पाकर गाजी मलिक दीपालपुर से रवाना हुआ तथा 5 सितम्बर, 1320 ई. को दिल्ली में खुसरो को पराजित किया। खुसरो का सिर उतार लिया गया। उसके अनुचर मार डाले गये अथवा परास्त हुए।

यद्यपि परिस्थिति गाजी मलिक के अनुकूल थी, तथापि वह गद्दी

पर तुरन्त नहीं बैठा। इसके बदले उसने पहले शिष्ट रूप में अपनी अनिच्छा घोषित की, परन्तु चूंकि अलाउद्दीन का कोई भी पुरुष वंशज जीवित नहीं था।

इसलिए सरदारों ने उसे ग्यासुद्दीन तुगलक की उपाधि देकर सितम्बर, 1320 ई. में राजसिंहासन पर बैठने को प्रेरित किया। यहाँ पर यह महत्त्वपूर्ण है कि मुस्लिम सरदारों ने बिना किसी तरह की ईष्या प्रदर्शित किये ही गाजी मलिक को, जो श्रेणी में उनके बराबर रह चुका था, दिल्ली के राजसिंहासन पर इस समय आमन्त्रित किया।

गयासुद्दीन खिलजी

गयासुद्दीन खिलजी मालवा के खिलजी वंश का द्वितीय सुल्तान था, जिसका शासन काल (1439–1509 ई.) शान्तिपूर्ण रहा। उसने मरने के एक वर्ष पहले ही अपने बड़े पुत्र को गद्दी पर बैठा दिया था।

अध्याय – 4

खिलजी कालीन आर्थिक नीति

खिलजी शासकों ने मध्य एशिया में अपने वंश की छाप छोड़ी थी और ये तुर्की मूल के थे। भारत में दिल्ली आने से पहले वे वर्तमान के अफगानिस्तान में लंबे समय तक रहे थे। खिलजी वंश के महत्वपूर्ण शासक थे। जलाल उद दीन खिलजी तुर्की, फारसी, अरबी जनसमूहों के एक मुस्लिम मुखियाओं के समूहों तथा विशिष्ट भारतीय–मुस्लिमों द्वारा जलाल–उद–दीन फिरोज खिलजी को सुल्तान के रूप में नियुक्त किया गया था।

अलाउद्दीन खिलजी– जूना खान, जिसे बाद में अलाउद्दीन खिलजी के रूप में जाना जाता था वह जलाल–उद–दीन का भतीजा और दामाद था। उसने हिंदू डेक्कन प्रायद्वीप, देवगिरी पर आक्रमण किया था जो महाराष्ट्र के हिंदुओं की राजधानी थी। 1296 में वह दिल्ली वापस लौटा और अपने चाचा और ससुर की हत्या कर सुल्तान के रूप में सत्ता प्राप्त की।

अंतिम खिलजी सुल्तान

अलाउदीन खिलजी की मृत्यु दिसंबर 1315 में हो गयी थी। तत्पश्चात् मलिक काफूर सुल्तान के रूप में गद्दी पर आसीन हुआ था। मलिक काफूर की मृत्यु के बाद मुस्लिम मुखियाओं द्वारा उमर शिहाब–उद–दीन को सुल्तान के रूप में प्रस्तुत किया गया और यदि

वह किसी भी तरह वह मारा गया तो उसके बड़े भाई कुतुब–उद–दीन मुबारक शाह को उसके विकल्प के रूप में तैयार किया गया था।

मुबारक शाह ने 4 वर्षों तक शासन किया और खुसरो खान ने 1320 में उसकी हत्या कर दी। दिल्ली में मुस्लिम मुखियाओं द्वारा खुसरो खान को सत्ताविहीन करने के लिए गाजी मलिक को आमंत्रित किया और खुसरो खान की हत्या कर वह गयासुद्दीन तुगलक के रूप में वह तुगलक प्रशासन का पहला अग्रणी सुल्तान बना था।

आर्थिक नीति

खिलजी वंश के तहत आर्थिक नीति और प्रशासन में बहुत कठोर थे और यह सब राजा के हाथों में निहित थी। किसानों, व्यापारी और आम आदमी की स्थिति बहुत खराब थी और कभी–कभी पोषण करना भी मुश्किल हो जाता था। कुछ नीतियां इस प्रकार थी।

खिलजी शासकों विशेष रूप से अलाउद्दीन खिलजी ने सिर्फ अपने खजाने को बढ़ाने के लिए अपने खर्च करने के दृष्टिकोण को बदल दिया था और अपने दायित्वों का निर्वहन करने तथा युद्धों का विस्तार करने के लिए उसने खजाने को एकत्र किया।

उसने कृषि व्यवसाय करों को सीधे–सीधे 20 प्रतिशत से 50 प्रतिशत तक बढ़ा दिया था जो अनाज और ग्रामीण उपज के रुप में या नकदी के साथ देय होता था और उसने किश्तों में भुगतान को समाप्त कर दिया था।

अलाउद्दीन खिलजी ने सल्तनत में गैर मुसलमानों पर चार प्रकार के कर लगा रखे थे जिनमें जजिया या सर्वेक्षण कर, खराज या भूमि कर, कारी या गृह कर और क्षेत्र कर के रूप में चारी शामिल था। वह इसके अलावा उसने यह घोषणा की थी कि उसके दिल्ली स्थित अधिकारियों के साथ पड़ोसी मुस्लिम जागीरदार, खुत, मुक्कदीम, चौधरी और जमींदार सभी खड़ी उपज के उत्पादन का आधा हिस्सा लागत के रूप में जब्त कर सकते हैं। मुस्लिम जागीरदारों के लिए

मजदूरी निर्धारण को हटा दिया गया था और मजदूरी को केंद्रीय संगठन द्वारा एकत्रित किया जाता था।

राज्य में सभी कृषि व्यवसाय उपजों, जानवरों और गुलामों पर एक प्रकार का गुणवत्ता नियंत्रण था। बाजारों को शहना–ए–मंडी कहा जाता था। मुस्लिम जहाज माल व्यापारियों को खरीदने तथा व्यापार के लिए इन मंडियों में विशेष लाइसेंस मिले हुए थे।

इन व्यापारियों के अलावा शहरी क्षेत्रों में अन्य कोई भी किसानों से खरीदने की पेशकश नहीं कर सकता था। यहां जासूसों की विशाल व्यवस्था की गयी थी जो मंडी का निरीक्षण करते थे और उनके पास यह अधिकार था कि कोई भी जो प्रस्तावित सीमा से अधिक बेचता या खरीदता है तो वे उसे जब्त कर सकते थे।

जीविका के निजी एकत्रीकरण पर प्रतिबंध लगा दिया गया था। वितरण प्रणाली अलाउद्दीन द्वारा शुरू की गयी थी और यहां गुणवत्ता नियंत्रण की एक प्रणाली विद्यमान थी। ये खर्चों पर नियंत्रण के अलावा उन लोगों को मजदूरी के बारे में अवगत कराते थे जिन्हें इसका लाभ नहीं नहीं मिलता था।

अलाउद्दीन खिलजी की मौत के बाद गुणवत्ता नियंत्रण की विधि ज्यादा कारगर साबित नहीं हो सकी थी।

अध्याय – 5

प्रशासनिक व्यवस्था

सल्तनत काल में भारत में एक नई प्रशासनिक व्यवस्था की शुरुआत हुई। जो मुख्य रूप से अरबी–फारसी पद्धति पर आधारित थी। सल्तनत काल में प्रशासनिक व्यवस्था पूर्ण रूप से इस्लाम धर्म पर आधारित थी।

प्रशासन में उलेमाओं की महत्त्वपूर्ण भूमिका होती थी। 'खलीफा' इस्लामिक संसार का पैगम्बर के बाद का सर्वोच्च नेता होता था। प्रत्येक सुल्तान के लिए आवश्यक होता था कि, खलीफा उसे मान्यता दे, फिर भी दिल्ली सल्तनत के तुर्क सुल्तानों ने खलीफा को नाममात्र का ही प्रधान माना।

इल्तुतमिश दिल्ली सल्तनत का पहला सुल्तान था, जिसने 1229 ई में बगदाद के खलीफा को 'नाइब' (सहायक) कहा। अलाउद्दीन खिलजी ने अपने को खलीफा का नाइब नहीं माना। कुतुबुद्दीन मुबारक खिलजी पहला ऐसा सुल्तान था, जिसने खिलाफत के मिथक को तोड़कर स्वयं को खलीफा घोषित किया।

मुहम्मद तुगलक ने अपने शासक काल के प्रारम्भ में खलीफा को मान्यता नहीं दी, किन्तु शासन के अन्तिम चरण में उसने खलीफा को मान्यता प्रदान कर दी। फिरोजशाह तुगलक ने अपने सिक्कों पर खलीफा का नाम उत्कीर्ण करवाया था।

सुल्तान

सुल्तान की उपाधि तुर्की शासकों द्वारा प्रारम्भ की गयी। महमूद गजनवी ऐसा पहला शासक था। जिसने सुल्तान की उपाधि धारण की। दिल्ली में अधिकांश ने अपने को खलीफा का नायक पुकारा, परन्तु कुतुबुद्दीन मुबारक खिलजी ने स्वयं को खलीफा घोषित किया। खिज्र खाँ ने तैमूर के पुत्र शाहरुख का प्रभुत्व स्वीकार किया और 'रैय्यत–ए–आला' की उपधि धारण की।

उसके पुत्र और उत्तराधिकारी मुबारक शाह ने इस प्रथा को समाप्त कर दिया और शाह सुल्तान की उपाधि ग्रहण की। सुल्तान केन्द्रीय प्रशासन का मुखिया होता था। सल्तनत काल में उत्तराधिकार का कोई निश्चित नियम नहीं था।

किन्तु सुल्तान को यह अधिकार होता था कि, वह अपने बच्चों में किसी एक को भी अपना उत्तराधिकारी चुन सकता था। सुल्तान द्वारा चुना गया उत्तराधिकारी यदि अयोग्य है तो, ऐसी स्थिति में सरदार नये सुल्तान का चुनाव करते थे।

कभी–कभी शक्ति के प्रयोग से सिंहासन पर अधिकारी किया जाता था। दिल्ली सल्तनत में सुल्तान पूर्ण रूप से निरंकुश होता था। उसकी सम्पूर्ण शक्ति सैनिक बल पर निर्भर करती थी। सुल्तान सेना का सर्वोच्च सेनापति एवं न्यायालय का सर्वोच्च न्यायाधीश होता था। सुल्तान 'शरीयत' के अधीन ही कार्य करता था।

अमीर

सल्तनत में सभी प्रभावशाली पदों पर नियुक्त व्यक्तियों की सामान्य संज्ञा अमीर थी। अमीरों का प्रभाव सुल्तान पर होता था। सुल्तान को शासन करने के लिए अमीरों को अपने अनूकूल किये रहना आवश्यक होता था।

अमीरों का प्रभाव उस समय बढ़ जाता था, जब सुल्तान अयोग्य, निर्बल या अल्पवयस्क हो। वैसे बलबन और अलाउद्दीन खिलजी के

समय में अमीर प्रभावहीन हो गये थे। प्रायः नये राजवंश के सत्ता में आने पर पुराने अमीरों को या तो मार दिया जाता था या फिर उन्हें छोटे पद दे दिये जाते थे। मुहम्मद तुगलक के काल में हुए विद्रोह में अमीरों का सर्वाधिक योगदान था।

इसलिए उसने पुराने अमीरों को कमजोर करने की दृष्टि से मिश्रित जनजातीय अधिकार पर पदाधिकारियों की एक नई व्यवस्था स्थापित की। अमीरों का प्रशासन में महत्त्वपूर्ण योगदान होता था। लोदी वंश के शासन काल मे अमीरों का महत्त्व अपने चरमोत्कर्ष पर था।

मंत्रिपरिषद

यद्यपि सत्ता की धुरी सुल्तान होता था, फिर भी विभिन्न विभागों के कार्यों के कुशल संचालन हेतु उसे एक मंत्रिपरिषद की आवश्यकता पड़ती थी। जिसे सल्तनत काल में 'मजलिस–ए–खलवत' कहा जाता था। मंत्रिपरिषद की सलाह मानने के लिए सुल्तान बाध्य नहीं होता था।

परन्तु सुल्तान निर्बल या अयोग्य हो तो सारी शक्ति मंत्री अपने हाथ में केन्द्रित कर लेते थे। वह इनकी नियुक्ति एवं पदमुक्ति अपनी इच्छानुसार कर सकता था। 'मजलिस–ए–खास' में 'मजलिस–ए–खलवत' की बैठक हुआ करती। यहाँ पर सुल्तान कुछ खास लोगों को बुलाता था।

'बार–ए–खास' में सुल्तान सभी दरबारियों, खानों, अमीरों, मलिकों और अन्य रईसों को बुलाता था। 'बार–ए–आजम' में सुल्तान राजकीय कार्यों का अधिकांश भाग पूरा करता था। यहाँ पर विद्वान मुल्ला, काजी भी उपस्थित रहते थे। सल्तनकालीन मंत्रिपरिषद में 4 मंत्री महत्त्वपूर्ण थे। ये निम्नलिखित हैं–

- वजीर (प्रधानमंत्री)
- दीवान–ए–आरिज

- दीवान–ए–इंशा
- दीवान–ए–रसालत

(1) वजीर (प्रधानमंत्री)

मंत्रिपरिषद में वजीर शायद सर्वप्रमुख होता था। उसके पास अन्य मंत्रियों की अपेक्षा अधिक अधिकार होता था और वह अन्य मंत्रियों के कार्यों पर नजर रखता था। वजीर राजस्व विभाग का प्रमुख होता था। उसे लगान, कर व्यवस्था, दान सैनिक व्यय आदि की देखभाल करनी पड़ती थी। वह प्रान्तपतियों के राजस्व लेखा का निरीक्षण करता था तथा प्रान्तपतियों से अतिरिक्त राजस्व की वसूली करता था। सुल्तान की अनुपस्थिति में उसे शासन का प्रबन्ध करना पड़ता था।

वह दीवान–ए–विराजत (राजस्व विभाग), दीवान–ए–इमारत (लोक निर्माण विभाग), दीवान–ए–अमीर कोही (कृषि विभाग) विभाग के मंत्रियों का प्रमुख होता था। मुस्तौफी–ए–मुमालिक एवं खजीन (खजांची), होते थे। तुगलक काल "मुस्लिम भारतीय वजीरत का स्वर्ण काल" था। उत्तरगामी तुगलकों के समय में वजीर की शक्ति बहुत बढ़ गयी थी। अंतिम तुगलक शासक महमूद तुगलक के समय में जब अशांति फैली तो, एक नये कार्यालय वकील–ए–सुल्तान की स्थापना हुई। सैय्यदों के समय में यह शक्ति घटने लगी तथा अफगानों के अधीन वजीर का पद महत्त्वहीन हो गया।

नायब वजीर

'नायब वजीर', वजीर का सहयोगी होता था तथा वजीर की अनुपस्थिति में उसके कार्यों का निर्वहन इसके द्वारा ही किया जाता था।

मुशरिफ–ए–मुमालिक (महालेखाकार)

प्रान्तों एवं अन्य विभाग से प्राप्त होने वाली आय एवं उसके व्यय

का लेखा–जोखा रखने का दायित्व 'मुशरिफ–ए–मुमालिक' का होता था। नाजिर इसका सहायक होता था।

मुस्तौफी–ए–मुमालिक (महालेख परीक्षक)

मुशरिफ द्वारा तैयार किये गये लेखा–जोखा की जाँच के लिए 'मुस्तौफी–ए–मुमालिक' के पद की व्यवस्था थी। कभी–कभी यह मुशरिफ की तरह आय–व्यय का निरीक्षण भी करता था।

खजीन

यह कोषाध्यक्ष के रूप में कार्य करता था।

दीवान–ए–वकूफ

जलालुद्दीन खिलजी द्वारा स्थापित इस विभाग का मुख्य कार्य व्यय की कागजात की देख–भाल करना होता था।

दीवान–ए–मुस्तख राज

वित्त विभाग से सम्बंधित इस विभाग की स्थापना अलाउद्दीन खिलजी ने की थी। इसका कार्य अतिरिक्त मात्रा में वसूल किये गए कर का हिसाब रखना होता था।

दीवान–ए–अमीर कोही

मुहम्मद तुगलक द्वारा स्थापित इस विभाग का मुख्य कार्य मालगुजारी व्यवस्था की देखभाल करना एवं भूमि को खेती योग्य बनाना होता था।

उपर्युक्त समस्त विभाग 'दीवान–ए–विजारत' विभाग से नियंत्रित होते थे। दीवान–ए–विजारत, वजीर का कार्यालय होता था। विजारत को एक संस्था के रूप में प्रयोग करने की प्रेरणा अब्बासी खलिफाओं ने फारस से ली था। दिल्ली सल्तनत के प्रारम्भिक वजीरों में कुतुबुद्दीन ऐबक, ताजुद्दीन एल्दोज, नासिरुद्दीन कबाचा आदि थे।

वजीर का पद दिल्ली सल्तनत में फिरोजशाह तुगलक के समय में अपने चरमोत्कर्ष पर था। फिरोजशाह तुगलक के वजीर ख्वाजा हिसामुद्दीन ने विभिन्न सूबों का दौरा करने के पश्चात् समस्त खालसा भूमि का राजस्व छः करोड़ पचासी लाख टंका निश्चित किया था। लोदी वंश के शासन काल में यह पद महत्त्वहीन हो गया।

(2) दीवान–ए–आरिज

'आरिज–ए–मुमालिक' सैन्य विभाग का प्रमुख अधिकारी होता था। इसका महत्त्वपूर्ण कार्य सैनिकों की भर्ती करना, सैनिकों एवं घोड़ों का हुलिया रखना, रसद की व्यवस्था करना, सेना का निरीक्षण करना एवं सेना की साज–सज्जा की व्यवस्था करना होता था। आरिज–ए–मुमालिक के विभाग को 'दीवान–ए–अर्ज' कहा जाता था। इस विभाग की स्थापना बलबन ने की थी तथा अलाउद्दीन खिलजी के समय इसका महत्त्व बढ़ गया।

वकील–ए–सुल्तान

मुहम्मद तुगलक (तुगलक वंश का अन्तिम शासक) द्वारा स्थापित इस मंत्री का कार्य शासन व्यवस्था एवं सैनिक व्यवस्था की देख–भाल करना हाता था। यह विभाग कुछ दिन बाद ही अस्तित्वहीन हो गया।

(3) दीवान–ए–इंशा

यह विभाग 'दबीर–ए–मुमालिक' के अन्तर्गत था। शाही पत्र व्यवहार के लिए कार्य का भार इस विभाग पर होता था। यह सुल्तान की घोषणाओं एवं पत्रों का मसविदा तैयार करता था। सभी राजकीय अभिलेख इसी कार्यालय में सुरक्षित रखे जाते थे।

दबीर एवं लेखक इसके सहयोगी होते थे। फिरोजशाह तुगलक के समय में इसका स्तर मंत्री का नहीं रह गया। मिनहाज–उस–सिराज इस विभाग को "दीवान–ए–अशरफ" कहकर संबोधित करता था। इस विभाग का कार्य अत्यन्त गोपनीय होता था।

(4) दीवान–ए–रसालत

इस विभाग के कार्यों के बारे में विवाद है। कुछ इतिहासकारों के अनुसार, यह विभाग विदेशों से पत्र व्यवहार तथा विदेशों को भेजे जाने वाले एवं विदेश से आने वाले राजदूतों की देखभाल करता था। कुछ इतिहासकारों के अनुसार यह धर्म विभाग से सम्बंधित था। खिलजी वंश के सुल्तान स्वयं इस विभाग का कार्य देखते थे। इसके लिए किसी अमीर की नियुक्ति खिलजी काल में नहीं हुई। उपर्युक्त मंत्रियों के अतिरिक्त भी कुछ मंत्री होते थे। ये निम्नलिखित हैं–

नायब (नायब–ए–मुमालिकत)

इस पद की स्थापना इल्तुतमिश के पुत्र मुइजुद्दीन बहरामशाह के समय में उसके सरदारों द्वारा की गई। इस पद का महत्त्व अयोग्य सुल्तानों के समय में अधिक रहा, ऐसी स्थिति में यह पद सुल्तान के बाद माना जाता था। नायब के पद पर आसीन होने वाला प्रथम व्यक्ति ऐतगीन था। नायब के पद का सर्वाधिक प्रयोग बलबन ने किया।

सद्र–उस–सदूर

यह धर्म विभाग एवं दान विभाग का प्रमुख होता था। राज्य का प्रधान काजी एवं सद्र–उस–सदुर प्रायः एक ही व्यक्ति को दिया जाता था। मुसलमान प्रजा से लिए जाने वाला कर 'जकात' पर इस अधिकारी का अधिकार होता था। यह मस्जिदों, मकतबों एवं मदरसों के निर्माण के लिए धन मुहैया कराता था।

काजी–उल–कुजात

सुल्तान के बाद न्याय का सर्वोच्च अधिकारी काजी–उल–कुजात होता था। प्रायः मुकदमें इसी के न्यायालय में शुरू किये जाते थे। यह अपने से नीचे के काजियों के निर्णय पर फिर से विचार करने का अधिकार रखता था। प्रायः यह पद सद्र–उस–सदूर के पास ही रहता था। मुहम्मद बिन तुगलक यदि काजी के निर्णय से संतुष्य नहीं

होता था तो, उस निर्णय को बदल देता था।

दीवान–ए–बरीद

बरीद–ए–मुमालिक गुप्तचर विभाग का प्रधान अधिकारी होता था। इसके अधीन गुप्तचर, संदेशवाहक एवं डाक चौकियाँ होती थीं।

दीवान–ए–रिसायत

सुल्तान अलाउद्दीन खिलजी ने बाजार नियंत्रण के लिए एक विभाग स्थापित किया गया था।

दीवान–ए–अमीर कोही

मुहम्मद तुगलक द्वारा कृषि के विकास के लिए यह विभाग स्थापित किया गया था।

दीवान–ए–मुस्तखराज

इस विभाग की स्थापना अलाउद्दीन खिलजी ने की थी। इसका प्रमुख कार्य बकाया राजस्व वसूलना था।

दीवान–ए–नजर

इसकी स्थापना मुहम्मद बिन तुगलक द्वारा की गई थी। इसका कार्य उपहार वितरित करना था।

राज दरबार से सम्बन्धित पद निम्नलिखित थे–

वकील–ए–दर

यह पद अत्यन्त महत्त्वपूर्ण होता था। यह शाही महल एवं सुल्तान की व्यक्तिगत सेवाओं की देखभाल करता था।

बारबक

यह दरबार की शान–ओ–शौकत एवं रस्मों की देख–रेख करता था।

अमीर–ए–हाजिब

यह सुल्तान से मिलने वालों की जाँच–पड़ताल करता था। इसके अतिरिक्त यह दरबारी शिष्टाचार के लिए उत्तरादायी था।

मीर–ए–शिकार

यह सुल्तान के शिकार की व्यवस्था किया करता था।

अमीर–ए–मजलिस

यह शाही उत्सवों एवं दावतों का प्रबन्ध करता था।

सर–ए–जाँदार

यह सुल्तान के अंग रक्षकों का अधिकारी होता था।

अमीर–ए–आखुर

यह अश्वशाला का अध्यक्ष होता था।

शहना–ए–पील

यह हस्तिशाला का अध्यक्ष होता था।

दीवान–ए–इस्तिहक

यह पेंशन विभाग कहा जाता था।

दीवान–ए–खैरात

इसे दान विभाग कहा जाता था।

दीवान–ए–बंदगान

इसे दास विभाग कहा जाता था।

मुतसर्रिफ

यह कारखानों के प्रमुख का प्रमुख होता था। दीवान–ए–इस्तिहाक,

दीवान–ए–खैरात व दीवान–ए–बंदगान, ये तीनों विभाग फिरोजशाह तुगलक द्वारा स्थापित किये गये थे।

प्रान्तीय प्रशासन

इक्ता व्यवस्था दिल्ली सल्तनत की एक मुख्य विशेषता थी। इसका मुख्य उद्देश्य भारत में प्रचलित सामन्ती प्रथा को नष्ट करना और साम्राज्य के दूरस्थ प्रदेश को केन्द्र से जोड़ना था। इसका प्रारंभ इल्तुतमिश के शासनकाल में हुआ।

दिल्ली सल्तनत अनेक प्रान्तों में बँटी थी, जिसे 'इक्ता' कहा जाता था। यहाँ का शासन 'नायब वली' व 'मुक्ती' द्वारा संचालित किया जाता था।

उसके पास निश्चित संख्या में सेना होती थी, जिसे आवश्यकता के समय सुल्तान को उपलब्ध कराया जाता था। मुक्ती प्रान्त के अधिकारियों की नियुक्ति, स्थानान्तरण आदि करता था। वली या मुक्ती का पद वंशानुगत नहीं था।

वित्तीय मामलों में वली की सहायता 'ख्वाजा' नामक अधिकारी करता था। ख्वाजा नामक अधिकारियों की नियुक्ति बलबन ने इक्तादारों के भ्रष्टाचार को रोकने के लिए की थी। मुहम्मद तुगलक के काल में मुक्ती से राजस्व अधिकार लेकर एक अन्य केन्द्रीय अधिकारी 'वली–उल–खराज' को प्रदान कर दिये गये।

इब्न बतूता के अनुसार इस समय–इक्ता में दो अधिकारी थे, एक अमीर या मुक्ती तथा दूसरा यबली–उल–खराज'।

अमीर या मुक्ती सैनिक अधिकारी होता था तथा 'खली– उल–खराज' इक्ता की आय एकत्रित करता था। मुक्ती और बली के सम्बन्ध सुल्तान की इच्छा पर निर्भर करता था।

स्थानीय प्रशासन

लगभग 14 वीं शताब्दी में प्रशासकीय सुविधा के लिए इक्ताओं

को शिकों (जिलों) में विभाजित किया गया। प्रान्त शिक में, शिक परगना तथा परगना गाँवों में विभक्त थे। यहाँ का शासन अमीर अपने अन्य सहयोगियों के साथ करता था।

एक शहर या सौ गाँवों के शासन की देख–भाल 'अमीर–ए–सदा' नामक अधिकारी करता था। इसकी सहायता के लिए मुतसर्रिफ, कारकून, बलाहार, मुकद्दम, चौधरी, पटवारी, पियादा आदि होते थे। शासन की सर्वाधिक इकाई गाँव होता था।

जहाँ का शासन पंचायतें करती थीं। गाँवों में मुकद्दम (मुखिया), पटवारी व कारकून होते थे। प्रान्तों के अतिरिक्त कुछ केन्द्र शासित प्रदेश थे, जिनमें शिक और शहर शामिल थे। इसके प्रभावी अधिकारी 'शाहना' (अधीक्षक) थें।

यह सुल्तान द्वारा नियुक्त होते थे। इस क्षेत्र से एकत्र किया गया राजस्व सीधे केन्द्र के खजाने में जाता था। प्रत्येक उपक्षेत्र में आमिल नाम का एक पदाधिकारी होता था। जो राजस्व इकट्ठा करके राजकोष में जमा करता था।

सैन्य संगठन

तुर्की शासन व्यवस्था मुख्यतः सैन्य शक्ति पर आधारित थी। एक विशाल, संगठित, शक्तिशाली सेना की आवश्यकता सुल्तान को रहती थी।

ऐसी सेना की आवश्यकता के कारणों में तुर्की अमीरों, सरदारों द्वारा किये गये विद्रोह को कुचलने, राजपूत राजाओं की विद्रोहात्मक प्रवृत्ति से निपटने, मंगोलों के आक्रमण को रोकने एवं सुल्तान की साम्राज्य विस्तार की नीति को सफल बनाना आदि शामिल थे और इन कार्यों के लिए विशाल एवं संगठित स्थायी सेना की आवश्यकता रहती थी।

सल्तनत कालीन सैन्य व्यवस्था के अन्तर्गत इल्तुतमिश द्वारा स्थापित सेना को 'इश्म–ए–कल्ब' (केन्द्रीय सेना) या 'कल्ब–ए–सुल्तानी'

कहा जाता था, जबकि सामंतों व प्रान्तपतियों की सेना को 'हश्म–ए–अतरफ' कहा जाता था। शाही घुड़सवारों की सेना को 'सवार–ए–कल्ब' कहा जाता था।

सेना के लिए 'दीवान–ए–अर्ज' की स्थापना बलबन की थी। सल्तनकालीन सेना का ढाँचा राष्ट्रीय नहीं था। बल्कि इसमें तुर्क, अमीर, ईरानी, मंगोल, अफगान एवं भारतीय मुसलमान शामिल होते थे। सल्तनत काल में चार प्रकार के सैनिक होते थे। प्रथम, वे सैनिक होते थे। जिनको स्वयं सुल्तान नियुक्त करता था। यह सुल्तान की स्थायी सेना होती थी।

इसे 'खासखेल' का नाम दिया था। अलाउद्दीन खिलजी के समय में लगभग पौने पाँच लाख की स्थायी सेना थी। द्वितीय, वे सैनिक होते थे, जो प्रान्तों एवं सूबेदारों की सेना में भरती होते थे। प्रान्तीय आरिज इस सेना की देख–भाल इक्तादारों के नेतृत्व में करते थे यह सेना वर्ष में एक बार सुल्तान के समक्ष निरीक्षण हेतु प्रस्तुत की जाती थी। सैनिक दो प्रकार के होते थे।

प्रथम वजहिस, जो स्थायी सैनिक थे, द्वितीय गैर वजहिस, जो अस्थायी थे। तृतीय, वे सैनिक होते थे, जिन्हें युद्ध के समय अस्थायी रूप से भर्ती किया जाता था। इनको युद्ध काल तक ही वेतन एवं रसद प्राप्त होता था। चतुर्थ वे सैनिक होते थे। जो मुस्लिम स्वयंसेवकों के रूप में काफिरों से युद्ध करते थे। इन्हें कोई वेतन नहीं मिलता था। बल्कि लूट की सम्पत्ति में हिस्सा मिलता था।

सैन्य विभाजन

सल्तनत कालीन सेना मुख्यतः तीन भागों में विभाजित थी–

- घुड़सवार सेना
- गज (हाथी)
- पदापित (पैदल), सेना या 'पायक'

पद विभाजन

मंगोल सेना के वर्गीकरण की दशमलव प्रणाली को सल्तनतकालीन सैन्य व्यवस्था का आधार बनाया। सल्तनत काल में सेना का गठन, पदों का विभाजन आदि दशमलव प्रणाली पर ही आधारित थे। 10 अश्वारोहियों की एक टुकड़ी को 'सर–ए–खेल', 10 सर–ए–खेलों की एक टुकडी के ऊपर एक 'सिपहसालार', 10 सिपाहसलारों के ऊपर एक 'अमीर', 10 अमीरों के ऊपर एक 'मलिक' और 10 मलिकों के ऊपर एक 'खान' होता था।

सल्तनत काल में बारूद की सहायता से गोला फेंकने की मशीन को 'मंगलीक' तथा 'अर्राट' कहा जाता था। सुल्तानों के पास नावों का एक बेड़ा होता था। नावों के बेड़ों का संचालन 'मीर बहर' नामक अधिकारी के नेतृत्व में होता था। जिसका उपयोग सैनिक सामान को ढोने में किया जाता था।

'साहिब–ए–बरीद–ए–लख्कर विभाग' युद्ध के समय की समस्त जानकारी राजधानी भेजता था। तले–आह एवं 'यज्की' नामक गुप्तचर शत्रु सेना की गतिविधियों की सूचना एकत्र करता था। 'चर्ख' (शिला प्रक्षेपास्त्रों), फलाखून (गुलेल), गरगज (चलायमान मंच), सबत (सुरक्षित गाड़ी) जैसे युद्ध के समय प्रयुक्त होने वाले साधनों का उल्लेख मिलता है।

वेतन व्यवस्था

खुसरो खाँ ने अपने शासन काल के दौरान सैनिकों को अत्यधिक धन वितरित किया। सैनिक सुधार की दृष्टि से अलाउद्दीन खिलजी काल सर्वाधिक महत्त्वपूर्ण माना जाता है।

अलाउद्दीन अपने सैनिकों को नकद वेतन देने के साथ ही 6 महीने का वेतन इनाम के दौर पर देता था। अलाउद्दीन ने घोड़ों को दागने की और सैनिकों का हुलिया रखने की प्रथा चलायी। सिकन्दर शाह लोदी ने सैनिकों के हुलिया के स्थान पर चेहरा शब्द का प्रयोग

किया। बलबन सेना को चुस्त रखने के लिए उसे शिकार पर ले जाती था। अलाउद्दीन खिलजी के बाद मुक्ती लोग अपने सैनिकों के वेतन से कुछ कमीशन काट लेते थे।

गयासुद्दीन खिलजी ने इस प्रथा को समाप्त किया और वेतन रजिस्टर (वसीयत–ए–हश्म) की स्वयं जाँच करने लगा। अलाउद्दीन ने इक्ता प्रथा को समाप्त कर दिया था, परन्तु फिरोजशाह तुगलक के समय में सैनिकों को नकद वेतन के स्थान पर इक्ता देने की प्रथा पुनः प्रारम्भ कर दी गई।

कालान्तर में सैनिकों का पद आनुवंशिक हो गया। फिरोजशाह तुगलक ने सेना में दासों को भर्ती करना शुरू किया। पिता की मृत्यु के बाद इक्ता का हकदार उसका पुत्र, पुत्र न होने की स्थिति में दामाद, दामाद के न होने पर दास और दास भी नहीं है तो निकट का सम्बन्धी होता था।

इस व्यवस्था का दुष्परिणाम फिरोजशाह तुगलक के शासन काल में देखने को मिला। अलाउद्दीन की सैन्य व्यवस्था खुसरवशाह के समय टूटकर बिखर गयी। इसने किराए पर सैनिकों को भर्ती किया।

न्याय एवं दण्ड व्यवस्था

सल्तनत काल में सुल्तान राज्य का सर्वोच्च न्यायाधीश होता था। इस समय न्याय इस्लामी कानून शरीयत, कुरान एवं हदीस पर आधारित था। मुस्लिम कानून के चार महत्त्वपूर्ण स्रोत थे – कुरान, हदीस, इजमा एवं कयास।

- **कुरान** – मुसलमानों का पवित्र ग्रन्थ एवं मुस्लिम कानून का मुख्य स्रोत।
- **हदीस** – पैगम्बर के कार्यों एवं कथनों का उल्लेख, कुरान द्वारा समस्या का समाधान न होने पर 'हदीस' का

सहारा लिया जाता था।

- **इजमा –** 'मुजतहिद' व मुस्लिम विधिशास्त्रियों को मुस्लिम कानून की व्याख्या का अधिकार प्राप्त था। इसके द्वारा व्याख्यायित कानून, जो अल्लाह की इच्छा माना जाता था, को 'इजमा' कहा जाता था।
- **कयास –**तर्क के आधार पर विश्लेषित कानून को 'कयास' कहा जाता था।

कानून

सुल्तान 'सद्र–उस–सुदूर', 'काजी–उल–कुजात' आदि न्याय से संबंधित सर्वोच्च अधिकारी होता था। सुल्तान 'दीवान–ए–कजा' तथा 'दीवान–ए–मजलिस' भी न्याय का कार्य पूरा करता था। 'दीवान–मजलिस' का अध्यक्ष अमीर–ए–दाद होता था। 'दीवान–ए–ममालिक' सुल्तान को कानूनी परामर्श देता था। प्रान्ताख्यक्षों की सहायता काजी या 'साहिब–ए–दीवान' करते थे।

धार्मिक मुकदमों के निर्णय के समय सुल्तान मुख्य सद्र (सभापति, अध्यक्ष) एवं मुफ्ती की सहायता लेता था, जबकि अन्य मुकदमों के निर्णय के समय काजी की सहायता लिया करता था। कस्बों एवं गांवो की सहायता के माध्यम से स्थानीय पंच लोग झगड़ों का निपटारा करते थे।

सल्तनत काल में दण्ड व्यवस्था कठोर थी। अपराध की गंभीरता को देखते हुए क्रमशः मृत्युदण्ड, अंग–भंग एवं सम्पत्ति को हड़पने का दण्ड दिया जाता था। सल्तनत काल में मुख्यतः 4 प्रकार के कानून का प्रचलन था –

- सामान्य कानून – व्यापार आदि से सम्बन्धित ये कानून मुस्लिम एवं गैर मुस्लिम दोनों पर लागू होते थे। परन्तु सामान्यतः यह कानून केवल मुसलमान जनता पर लागू होता था।

- देश का कानून – मुस्लिम शासकों द्वारा शासित देश में प्रचलित स्थानीय नियम कानून।
- फौजदारी कानून – यह कानून मुस्लिम एवं गैर मुस्लिम दोनों पर समान रूप से लागू होता था।

गैर मुस्लिमों का धार्मिक एवं व्यक्तिगत कानून – हिन्दू जनता के सामाजिक मामलों में दिल्ली सल्तनत का अति सूक्ष्म हस्तक्षेप होता था। उनके मुकदमों की सुनवाई पंचायतों में विद्वान, पुरोहित एवं ब्राह्मण किया करते थे।

मुस्लिम दण्ड विधि को 'फिकह' (इस्लामी धर्मशास्त्र) में बताये गये नियमों के अनुसार कठोरता से लागू किया जाता था। कुरान के नियमों के अनुसार मुस्लिमों का सबसे महत्त्वपूर्ण कर्तव्य है – मूर्ति पूजकों को नष्ट करना, जिहाद (धर्मयुद्ध) लड़ना एवं 'दारुल–हर्ब' (काफिरों के देश) को 'दारुल इस्लाम' (इस्लाम देश में बदलना)।

वित्त विभाग

सल्तनत कालीन वित्त व्यवस्था सुन्नी विधि–विशेषज्ञों की हनीफी शाखा के वित्त सिद्धान्तों पर आधारित थी। दिल्ली सल्तनत के सुल्तानों ने गजनवी के पूर्वाधिकारियों से यह परम्परा ग्रहण की थी। सल्तनत काल में भूमि चार भागों में विभक्त थी–

- मदद–ए–माश –दान में दी गयी भूमि। इससे कोई राजस्व नहीं लिया जाता था।
- मुक्तियों या इक्तादारों को दी गयी भूमि – इसमें प्रत्येक इक्तादार अपना खर्च निकालकर अधिशेष शाही खजाने में भेज देता था।
- अधीनस्थ हिन्दू राजाओं की अधीन भूमि – यहाँ से एक निश्चत धनराशि केन्द्र को भेजी जाती थी।
- खालसा भूमि – इसकी समस्त आय शाही कोष में सीधे

जाती थी। मुस्लिम विधिविज्ञों ने सल्तनत काल में वसूल किए जाने वाले करों को धार्मिक एवं धर्मनिरपेक्ष भागों में विभक्त किया। धार्मिक कर में 'जकात' एवं धर्मनिरपेक्ष कर में 'जजिया', 'खराज' एवं 'खुम्स' आदि आते थे।

जकात

जकात अरबी भाषा का शब्द है। मुस्लिमों द्वारा देय एक अनिवार्य कर, इस्लाम के पांच स्तंभों में से एक। जकात संपत्ति की पांच निम्नलिखित श्रेणियों पर लगाया जाता है–

- खाद्यान्न
- फल
- ऊंट, मवेशी, भेड़े–बकरियाँ
- सोना–चांदी
- चल संपत्ति

यह कर एक वर्ष के स्वामित्व के बाद प्रतिवर्ष देय होता है। धार्मिक कानून के हिसाब से आवश्यक कराधान वर्ग के अनुसार यह परिवर्तनीय है। जकात से लाभान्वित होने वालों में गरीब और जरूरतमंद, इसके संग्राहक और 'वे जिनके दिलों पर मरहम लगाना आवश्यक है'– उदाहरणार्थ, असंतुष्ट कुटुंबी, कर्जदार, जिहादी, और तीर्थयात्री शामिल हैं।

खलिफत के तहत जकात का संग्रहण और व्यय राज्य का कार्य था, लेकिन धर्म निरपेक्ष कराधान के बढ़ने के साथ जकात को नियंत्रित और संपूर्णतः संग्रहीत करना उत्तरोत्तर कठिन होता गया।

सऊदी अरब जैसे देशों को छोडकर, जहां शरीयत, का सख्ती से पालन होता है, आधुनिक इस्लामी विश्व में इसे व्यक्ति विशेष पर छोड़ दिया गया है। कुरान और 'हदीस', सदका अथवा स्वैच्छिक

दान पर भी बल देते हैं, जो जकात की ही तरह जरुरतमंदों के लिए होता है। तुगलक वंश के शासक फिरोजशाह तुगलक ने राजस्व व्यवस्था के अन्तर्गत अपने शासन काल में 24 कष्टदायक करों को समाप्त कर दिया था। उसने केवल 4 कर– 'खराज', 'खुम्स', 'जजिया' एवं 'जकात' को वसूल करने का आदेश दिया।

उश्र

केवल मुसलमानों से लिया जाने वाला यह कर भूमि की उपज पर लिया जाता था। इस कर से वक्फ, नाबालिग एवं दास भी मुक्त नहीं थे। इस कर की वसूली में बल प्रयोग किया जा सकता था। यह कर प्राकृतिक साधनों से सिंचित भूमि की उपज का 1/10 भाग तथा मनुष्यकृत साधनों से सिंचित भूमि की उपज का 1/5 भाग लिया जाता था।

जजिया

गैर मुसलमानों से वसूले जाने वाले इस कर पर काफी विवाद है। कुछ मुसलमान इसे धार्मिक कर मानते हैं क्योंकि यह गैर मुसलमानों को उनकी सम्पत्ति, सम्मान की सुरक्षा एवं सैनिक सेवा से मुक्त रहने के लिए देना होता था। परन्तु आधुनिक इतिहासकारों ने इसे धर्मनिरपेक्ष कर मानते हुए कहा है कि, यह कर गैर मुस्लिमों को इसलिए देना होता था, क्योंकि वे सैनिक सेवा से मुक्त थे। इस कर से स्त्रियाँ, बच्चे, भिखारी एवं लंगड़े मुक्त थे। फिरोजशाह तुगलक ने इस कर को ब्राह्मण लोगों पर लगाया। यह कर सम्पन्न वर्ग से 40 टका, मध्यम वर्ग से 20 टका एवं सामान्य वर्ग से 10 टका प्रतिवर्ष लिया जाता था।

खराज

यह गैर मुसलमानों से लिया जाने वाला भूमि कर था। इस कर के रूप में उपज का 1/3 से 1/2 भाग तक वसूल किया जाता था। अलाउद्दीन खिलजी अनिवार्य रूप से 1/2 भाग वसूल करता था,

जबकि पूरे सल्तनत काल में किसानों से उनकी पैदावार का 1/3 भाग लिया जाता था।

खम्स

खम्स लूट का धन होता था। इस धन का 1/5 राजकोष में तथा 4/5 भाग सैनिकों में बाँट दिया जाता था, लेकिन अलाउद्दीन खिलजी एवं मुहम्मद तुगलक लूट के धन का 4/5 भाग राजकोष में जमा करवाते थे तथा शेष 1/5 भाग सैनिकों में वितरित कर दिया जाता था।

उपर्युक्त करों के अतिरिक्त व्यापारिक कर के रूप में मुसलमानों से 2.5 प्रतिशत एवं गैर मुस्लिमों से 5 प्रतिशत लिया जाता था। घोड़ों के व्यापार पर 5 प्रतिशत कर लगता था। अलाउद्दीन खिलजी ने मकान एवं चारागाह पर तथा फिरोजशाह तुगलक ने सिंचाई के साधनों पर कर लगाया, जो पैदावार का 10 प्रतिशत था।

लगान व्यवस्था

लगान व्यवस्था के अंतर्गत कई प्रकार की बंटाईयों का उल्लेख मिलता है–

बंटाई

बंटाई लगान निर्धारित करने की एक प्रणाली थी, जिसमें राज्य की ओर से प्रत्यक्ष रूप से जमीन की पैदावार से हिस्सा लिया जाता था। इसकी दो विधियाँ थीं– एक फसल तैयार होने के समय सरकारी अधिकारी कुल पैदावार का मूल्य निर्धारित करके करों को तय करते थे और दूसरा तैयार फसलों की माप–तौल के आधार पर कर का निर्धारण किया जाता था।

दूसरी विधि को बंटाई, 'किसमत–ए–गल्ला', 'गल्ला बख्शी' व 'हासिल' कहा गया है। सल्तनत काल में निम्न तीन प्रकार की बंटाई विधि प्रचलन में थी–

- **खेत बंटाई** – खड़ी फसल या बुवाई के बाद ही खेत बाँटकर कर का निर्धारण करना।
- **लंक बंटाई** – खेत काटने के बाद खलियान में लाये गये अनाज से भूसा निकाले बिना ही कृषक एवं सरकार के बीच बँटवारा हो जाता था।
- **रास बंटाई** – खलियान में अनाज से भूसा अलग करने के बाद सरकारी हिस्से को निर्धारित किया जाता था।
- **मुक्ताई** – सल्तनत काल में लगान निर्धारण की मिश्रित प्रणाली को 'मुक्ताई' कहा जाता था।

अलाउद्दीन खिलजी को बाजार नियंत्रण के लिए अनाज की आवश्यकता थी, इसलिए वह लगान के रूप में अनाज लेता था।

मसाहत

भूमि की नाप–जोख करने के उपरान्त उसके क्षेत्रफल के आधार पर उपज का लगान निश्चित किया जाता था। इस प्रणाली की शुरुआत अलाउद्दीन खिलजी ने की। गयासुद्दीन तुगलक के काल में खेतों की माप द्वारा कर निर्धारण करने की व्यवस्था को छोड़कर 'हुक्म–ए–हासिम' को अपनाया गया।

दिल्ली सुल्तानों में सर्वप्रथम गयासुद्दीन तुगलक ने कृषि को प्रोत्साहन देने के विचार से नहरें बनवायीं तथा कई बाग लगवायें। मुहम्मद बिन तुगलक ने पुनः भूमि पैमाइश को लगान का आधार बनाया। फिरोजशाह तुगलक द्वारा बनवायी गयी सबसे महत्त्वपूर्ण नहरों में 'राजवाही' और 'उलूगखानी' प्रमुख थी। सल्तनत काल में राज्य की समस्त भूमि 4 वर्गों में विभक्त थी–

(1) खालसा भूमि – इस प्रकार की भूमि पूर्णतः केन्द्र के नियंत्रण में रहती थी। इस भूमि से कर वसूल करने के लिए राजस्व विभाग के पदाधिकारी चौधरी एवं मुकद्दम होते थे। प्रत्यक शिक (जिले) में

एक 'अमिल' नाम का अधिकारी होता था, जो कर वसूल कर सुल्तान को भेजा करता था। अलाउद्दीन खिलजी के समय में खालसा भूमि में पर्याप्त वृद्धि हुई।

(2) इक्ता की भूमि – इक्ता की भूमि की देख–भाल 'मुक्ती' करते थे। इस भूमि से 'मुक्ती' व 'वली' लगान वसूलते थे। लगान वसूल करने के बाद मुक्ती अपना खर्च अलग कर शेष धन को सरकारी खजाने में जमा कर देता था।

छोटी इक्ता के प्रमुख को 'इक्तादार' तथा बड़ी इक्ताओं के प्रमुख को 'मुक्ती' या 'वली' कहते थे। मुहम्मद तुगलक ने इक्ता व्यवस्था में सुधार करते हुए मुक्ती या वली से अधिकार लेकर वली–उल–खराज नामक अधिकारी को दे दिया। फिरोजशाह तुगलक के समय में सर्वाधिक इक्ताएँ दान में दी गयीं।

भारत में इक्ता प्रणाली की शुरुआत मुहम्मद गोरी ने की थी। फिरोजशाह तुगलक के समय इक्ता प्रथा आनुवंशिक हो गई थी। बलबन ने इक्ता धारकों की देखरेख के लिए एक अन्य करम उठाया। उसने महत्त्वपूर्ण प्रान्तों पर अपने पुत्रों को गर्वनर के रूप में नियुक्त किया और ख्वाजा के पद का सृजन किया। इस प्रकार बलबन ने प्रान्तों में सीमित रूप से द्वैध शासन की स्थापना की।

(3) सामन्तों की भूमि – यह भूमि अधीनस्थ हिन्दू सामन्तों व राजाओं की भूमि थी, जो प्रतिवर्ष एक निश्चित मात्रा में धन सरकारी कोष में जमा कराते थे।

(4) इनाम व वक्फ – यह कर मुक्त भूमि होती थी, जो विशेष लोगों को दान में दी जाती थी। भूमि को प्राप्त करने वाले का भूमि पर वंशानुगत अधिकार होता था।

सल्तनत काल में किसानों को उपज का 1/3 से लेकर 1/2 भाग तक राज्य को कर के रूप में देना होता था। अलाउद्दीन खिलजी के समय भूमि कर को 50 प्रतिशत कर दिया था। अलाउद्दीन एवं मुहम्मद तुगलक ने भूमि की पैमाइश के आधार पर लगान को निर्धारित

किया। अलाउद्दीन ने दान के रूप में दी गई अधिकांश भूमि को छीन कर खालसा भूमि में परिवर्तित कर दिया। उसने लगान को दिल्ली के आस–पास के क्षेत्रों एवं दोआब से अनाज के रूप में वसूल किया। फिरोजशाह तुगलक ने नवीन कर, सिंचाई कर लगाया।

आर्थिक विकास

सल्तनत काल में भारत आर्थिक दृष्टि से विकसित था। विदेशों से वस्तुएँ मँगाई एवं भेजी जाती थीं। व्यापार जल एवं स्थल दोनों मार्गों से होता था। इस समय भारत से विदेशों में भेजी जाने वाली महत्त्वपूर्ण वस्तुएँ लोहा, हथियार, अनाज, सूतीवस्त्र, जड़ी–बूटी, मसाले, फल, शक्कर एवं नील आदि थीं।

बाहर से आयात की जाने वाली महत्त्वपूर्ण वस्तुओं में घोड़े (अरब, तुर्किस्तान, रूस, ईरानी), अस्त्र–शास्त्र, दास, मेवे फल आदि शामिल थे।

व्यापारिक केन्द्र

सल्तनत काल के महत्त्वपूर्ण व्यापारिक केन्द्र के रूप में दिल्ली, थट्टा, देवल, सरसुती, अन्हिलवाड़, सतगाँव, सोनार गांव, आगरा, वाराणसी, लाहौर आदि प्रसिद्ध थे। देवल सल्तनत काल में अन्तर्राष्ट्रीय बन्दगाह के रूप में प्रसिद्ध था।

सरसुती अच्छे किस्म के चावल के लिए, अन्हिलवाड़ व्यापारियों के तीर्थस्थल में रूप में सतगांव रेशमी रजाइयों के लिए, आगरा नील उत्पादन के लिए, एवं बनारस सोने, चाँदी एवं जरी के काम के लिए प्रसिद्ध था। आवागमन के साधन के रूप में बैलगाड़ी, खच्चर, ऊंट, रथ तथा नौकाओं का प्रयोग किया जाता था।

अध्याय – 6

खिलजी कालीन वास्तुकला

हजरत निजामुद्दीन दरगाह

हजरत निजामुद्दीन दरगाह दुनिया के सबसे मशहूर सूफी संत निजामुद्दीन औलिया (1238–1325) की दरगाह (समाधि) है। दिल्ली के निजामुद्दीन वेस्ट क्षेत्र में स्थित इस दरगाह में हर हफ्ते कई हजारो मुसलमान आते हैं, और हिन्दू, ईसाइयों व अन्य धर्म के लोग भी यहाँ मत्था टेकने आते हैं।

मशहूर कवि अमीर खुसरो और मुगल राजकुमारी जेहान आरा बेगम की कब्रे भी निजामुद्दीन दरगाह परिसर के भीतर मौजूद है और इनायत खान की कब्र इसके कोने में है। दक्षिण दिल्ली में स्थित ये एक पवित्र दरगाह है। हजरत निजामुद्दीन चिश्ती वंशों के चौथे संत थे। इन्होंने देश में सहनशीलता और वैराग्य की मिसाल पेश की थी। ऐसा कहा जाता है।

सन 1303 में मात्र इनके कहने से ही मुगल सेना ने हमला रोक दिया था। उनके इसी व्यवहार के कारण वे सभी धर्मो के लोगों में लोकप्रिय बन गए। निजामुद्दीन जी की मृत्यु 92 वर्ष की आयु में हुई थी और उसी वर्ष उनके मकबरे का निर्माण कार्य शुरू करवा दिया गया।

परन्तु इसका नवीनीकरण कार्य सन 1562 तक चलता रहा। निजामुद्दीन औलिया (1238 – 3 अप्रैल 1325) एक महान सूफी संत थे। सूफीवाद प्रेम वह है जो एक गुरु और पूरी दुनिया के अंत से शुरू होता है। सूफी संत प्रेम और भक्ति के साथ अपना जीवन शुरू करते है।

निजामुद्दीन औलिया ने भी अपने पूर्ववर्तियों की तरह एक ही मार्ग का पालन किया। वे हमेशा दूसरों के लिए जीते थे और हर किसी से प्रेम करते थे।

जीवन परिचय

निजामुद्दीन औलिया का जन्म भारत के उत्तर प्रदेश राज्य के बदायूं में हुआ था। उनके पिता की मृत्यु के पश्चात उन्हें और उनकी माँ को दिल्ली स्थानांतरित कर दिया गया।

कई वर्षो तक वे दिल्ली में ही रहे, और 20 वर्ष की उम्र में वे पाकिस्तान के Pakpattan चले गए जंहा वे बाबा फरीद के शिष्य बन गए। निजामुद्दीन को स्थायी रूप से दिल्ली के लिए स्थानांतरित नहीं किया था, इसलिए वे पाकिस्तान के Pakpattan जाने के पश्चात दिल्ली वापस आ गए। कुछ समय बाद बाबा फरीद ने निजामुद्दीन को

अपने उत्तराधिकारी बनाने की घोषणा कर दी। उत्तराधिकारी की घोषणा के कुछ समय पश्चात ही बाबा फरीद मृत्यु को प्राप्त हो गए।

अमीर खुसरो एक प्रसिद्ध उर्दू कवि थे, हजरत निजामुद्दीन को सबसे प्यारे थे जिसके कारण उन्होंने अमीर खुसरो को अपना शिष्य बना लिया। अमीर खुसरो उर्दू भाषा और कव्वाली के पिता के रूप में जाने जाते थे।

निजामुद्दीन की ये कामना थी की जिस कब्र में उन्हें दफनाया जायेगा उसी कब्र में अमीर खुसरो को भी दफनाया जाए। परन्तु इस्लामी कानून इस बात की इजाजत नहीं देता है की एक ही स्थान पर दो व्यक्तियों के शवों को दफनाया जाए, जिस कारण निजामुद्दीन की दरगाह के पास ही अमीर खुसरो की भी दरगाह बनायीं गयी।

दरगाह

हजरत निजामुद्दीन की दरगाह संगमरमर से बना एक छोटा वर्गाकार कक्ष है। दरगाह के संगमरमर से बने गुबंद पर काले रंग की लकीरें है। निजामुद्दीन का मकबरा चारो ओर से मदर ऑफ पर्ल केनॉपी और मेहराबों से घिरा है जो झिलमिलाती चादरों से ढकी रहती है।

ये मकबरा इस्लामी वास्तुकला का एक स्पष्ट उदाहरण है। दरगाह में प्रवेश करते समय व्यक्तियों को अपने सर व कंधों को ढकना अनिवार्य माना जाता है। यह धार्मिक गीत और सूफी परंपरा की संगीत इबादत का एक अटूट हिस्सा है।

दरगाह में वीरवार, मुस्लिम अवकाश और त्योहारों के दिनों में विशेष आयोजन किये जाते हैं। वीरवार के दिन यहाँ एक बार अवश्य आना चाहिए। इन अवसरों पर कव्वाल अपनी कव्वालियों से श्रद्धालुओं को धार्मिक उन्माद से भर देते हैं। यह दरगाह निजामुद्दीन रेलवे स्टेशन के नजदीक मथुरा रोड से थोड़ी दूर पर स्थित है। यहाँ की दुकानो में फूल, लोहबान, टोपियां आदि वस्तुए मिलती हैं।

विशिष्टताएं

हजरत निजामुद्दीन के आस पास के क्षेत्र को संत के नाम पर ही रखा गया है और मथुरा रोड के साथ इसे दो भागों में बांटा गया है। जिसमें पहला दक्षिणी निजामुद्दीन जहां हजरत निजामुद्दीन की दरगाह है और एक जीवंत बाजार है जिसका प्रभुत्व मुस्लिम विक्रेताओं द्वारा स्थापित है। और दूसरा उत्तरी निजामुद्दीन जहां निजामुद्दीन रेलवे स्टेशन मौजूद है। निजामुद्दीन विरासत क्षेत्र में और भी कई महत्वपूर्ण स्मारक हैं जिनमें हुमायूँ का मकबरा, चौसठ खम्बा, मिरजा गालिब का मकबरा, बाराखंबा, साब्ज बुर्ज (नीला गुबंद) शामिल है और ये स्मारके निजामुद्दीन क्षेत्र व् लाल महल में सम्मिल्ति है।

चिश्ती वंश के कुछ सूफी संत :–

- मोइनुद्दीन चिश्ती
- बख्तियार काकी
- बाबा फरीद
- निजामुद्दीन औलिया
- अमीर खुसरो

महत्त्वपूर्ण जानकारी

हजरत निजामुद्दीन दरगाह में आप सुबह सूर्य उदय होने से लेकर सूर्य अस्त होने तक प्रवेश कर सकते हैं। दरगाह में प्रवेश करने का सर्वश्रेष्ठ समय सायंकाल 5 बजे से 7 बजे तक है।

रविवार और वीरवार को यहाँ कव्वाली के विशेष आयोजन किया जाते हैं, जिसका आनंद एक बार अवश्य लेना चाहिए। इन दिनों में सेवकों और भक्तों को भोजन कराया जाता है जिसे लंगर भी कहा जाता है। निजामुद्दीन जाने के लिए मेट्रो –निजाम्मुद्दीन – पैदल/ऑटो का मार्ग अपनाना चाहिए।

अलाई दरवाजा

अलाई दरवाजा एक शानदार प्रवेश द्वार है जो कि दिल्ली सल्तनत के सुल्तान अलाउद्दीन खिलजी द्वारा बनवाया गया है, अलाई दरवाजा कुतुब मीनार परिसर में क्वाल्ट–उल–इस्लाम मस्जिद के दक्षिणी हिस्से में मौजूद है। आलई दरवाजा लाल बलुआ पत्थर और सफेद संगमरमर का उपयोग कर बनाया गया है।

तुर्क कारीगरों द्वारा निर्मित अलाई दरवाजा भारत की पहली इमारतों में से एक है, जिसे इस्लामी स्थापत्य शैली का उपयोग करके बनाया गया है। ये अपने समय की सबसे महत्वपूर्ण इमारतों में से एक माना जाता है। अलाई दरवाजा ने क्वाल्ट–उल–इस्लाम मस्जिद के आकर्षण को अपने सुंदर मेहराब और फ्रिंज में जोड़ा जो कमल कलियों के समान था। कुतुब परिसर को सजाने की तलाश में अलाउद्दीन खिलजी द्वारा बनाई गई परियोजना का एक महत्वपूर्ण हिस्सा अलाई दरवाजा था।

वास्तुकला में भारत–इस्लामी शैली

कुतुब मीनार और अलाई दरवाजा सहित कुतुब परिसर के भीतर विभिन्न स्मारकों, दिल्ली सल्तनत (1191, 1526) की अवधि के हैं। अली दरवाजा वास्तुकला की एक नई शैली का प्रतिनिधित्व करता है, जिसे लोकप्रिय रूप से भारत–इस्लामी शैली की वास्तुकला कहा जाता है।

भारत–इस्लामिक शैली न तो इस्लामी कला का एक स्थानीय रूप है, न ही हिंदू कला का एक बदलाव है। लेकिन यह दोनों शैलियों का एक रूप है, हालांकि हमेशा एक समान डिग्री नहीं है। यह इसलिए है। क्योंकि भारत के प्रत्येक क्षेत्र में भारत–इस्लामी वास्तुकला का अपना ही रूप है। जो जगह–जगह बदलता रहता है और कोई मानकीकरण नहीं है। दूसरी ओर, इस्लामी कला ही एक समग्र शैली थी, जिसमें विभिन्न मुस्लिम प्रभाव थे–तुर्की, फारसी और अरबी।

भारत–इस्लामिक शैली का जन्म

कुतुब मीनार, क्वाट–उल–इस्लाम मस्जिद, और इल्तुतमिश की कब्र, जो गुलाम वंश (1193–1290) के विभिन्न शासकों द्वारा बनाई गई थी, ने भारत–इस्लामी वास्तुकला के जन्म की शुरुआत की। इन स्मारकों में, कुतुब मीनार एक टॉवर है जो स्वदेशी लोगों के ऊपर भारत के पहले मुस्लिम शासकों की जीत का प्रतीक है।

पुष्प पैटर्न और इरान के शिलालेखों के साथ यह फ्लूट टॉवर वास्तुकला की भारत–इस्लामिक शैली का पहला स्मारक था। क्ववत–उल–इस्लाम की मस्जिद भारत में बनने वाली पहली मस्जिद थी और दिल्ली सल्तनत के मुस्लिम शासकों द्वारा विभाजित 27 हिंदू और जैन मंदिरों के अवशेषों से बना है। यह मुस्लिम शक्ति का प्रतिनिधित्व भी है इल्तुतमिश की कब्र भारत में निर्मित होने वाला पहला इस्लामी कब्र था।

जैसा कि एक गुंबददार कब्र की अवधारणा स्वदेशी कारीगरों के लिए नई थी, इमारत में संरचनात्मक खामियों का परिणाम गुंबद के पतन के लिए जाने–पहले भारत में बनाया गया था। इस प्रकार, कोई यह कह सकता है कि दास वंश के स्मारक वास्तुकला के क्षेत्र में दो संस्कृतियों को गठबंधन करने का पहला प्रयास थे।

अलाउद्दीन खिलजी का इतिहास

अलाउद्दीन खिल्जी दिल्ली सल्तनत के खिलजी वंश का दूसरा शासक था। वो एक विजेता था और उसने अपना साम्राज्य दक्षिण में मदुरै तक फैला दिया था। इसके बाद इतना बड़ा भारतीय साम्राज्य अगले तीन सौ सालों तक कोई भी शासक स्थापित नहीं कर पाया था।

वह अपने मेवाड़ चित्तौड़ के विजय अभियान के बारे में भी प्रसिद्ध था। ऐसा माना जाता है कि अवधी में मलिक मुहम्मद जायसी द्वारा लिखे पद्मावत में वर्णित रानी पद्मावती की सुन्दरता पर मोहित था। उसके समय में उत्तर पूर्व से मंगोल आक्रमण भी हुए। उसने उसका भी डटकर सामना किया। अलाउद्दीन खिलजी के बचपन का नाम अली 'गुरशास्प' था।

अलाउद्दीन खिलजी की अलाई दरवाजा

अलाई दरवाजा दिल्ली के कुतुब परिसर में स्थित है। यह अपने प्रवेश द्वार के समीप परिसर के दक्षिणी भाग पर है। यह 1311 में बनाया गया था। अल्ला–उद–दीन खिलजी ने चार द्वारों के पहले द्वार के रूप में इस बड़े द्वार को बनाया था। ऐसा लगता है कि अलई दरवाजा चार बड़े द्वारों में से पहला था। जिसे अल्ला–उद–दीन खिलजी शहर के लिए बनाने का इरादा था। दुर्भाग्यवश, उसके निर्माण के बाद और अन्य तीन फाटकों पर काम शुरू करने से पहले उनकी मृत्यु हो गई थी और शेष तीन दरवाजे कभी निर्मित नहीं किए गए थे।

यहां जानें का सही समय

अलाई दरवाजा के कुतुब मीनार में स्थित है अगर आप यहाँ घुमने की जाने की सोच रहें हैं तो गर्मियों में बिल्कुल भी ना जायें क्योंकि दिल्ली में गर्मी बहुत पड़ती है गर्मियो में घुमने से आपकी त्वचा को नुकसान पहुँच सकता है यहाँ घुमने का सबसे अच्छा टाईम फरवरी, मार्च और अक्टुबर, नवम्बर, दिसम्बर है।

- अलाई दरवाजा पता–ऐंट्री, टाइमिंग, मेट्रो, स्टेशन, आधिकारिक वेबसाइट
- पता–कुतुब मीनार कॉम्प्लेक्स आरडी, मेहरौली, नई दिल्ली
- टाइमिंग–सुबह 6 बजे से शाम 6.30 तक खुला रहता है
- प्रवेश शुल्क भारतीयों के लिए प्रवेश शुल्क 10 रुपये
- विदेशियो के लिए प्रवेश शुल्क 250 रुपये
- 15 वर्ष तक के बच्चों के लिए मुफ्त प्रवेश

जमात खाँ मस्जिद

जमात खाँ मस्जिद का निर्माण दिल्ली के सुल्तान अलाउद्दीन खिलजी ने निजामुद्दीन औलिया की दरगाह के समीप करवाया था। पूर्णतः इस्लामी शैली में निर्मित इस मस्जिद में लाल पत्थर का प्रयोग किया गया है।

मस्जिद के डाटों के कोने में कमल के पुष्प से मस्जिद में हिन्दू शैली के प्रभाव का आभास होता है।

डाटों पर कुरान की आयतें भी उत्कीर्ण हैं। जमात खाँ मस्जिद में तीन कमरे बने हैं, जिनमें दो कमरे आयताकार हैं तथा मस्जिद के मध्य भाग में निर्मित कमरा चोकोर है।

पूर्णरूप से इस्लामी परम्परा में निर्मित यह भारत की पहली मस्जिद है। खिलजी वंश के शासन काल में पूर्णत निर्मित अन्य निर्माण कार्यों में कुतुबुद्दीन मुबारक खिलजी द्वारा भरतपुर में निर्मित ऊखा मस्जिद एवं खिज्र खाँ द्वारा निर्मित निजामुद्दीन औलिया की दरगाह विशेष उल्लेखनीय हैं।

अध्याय – 7

सल्तनत एवं खिलजी कालीन शिक्षा व्यवस्था

मुस्लिम शासन के आरम्भिक युग में यवनों ने शिक्षण संस्थाओं को नष्ट करने में कोई कमी नहीं छोड़ी थी। उन्होंने शिक्षकों–आचार्यों का कत्ल किया था और पुस्तकालयों में आज लगाने का जघन्य अपराध किया था। इस प्रकार भारत में प्राचीन काल से चली आ रही शिक्षण पद्धति अस्त–व्यस्त हो गई थी। जब थोड़ी शान्ति स्थापित हुई थी। तब सुल्तानों ने शिक्षा की ओर ध्यान दिया था। शुरू में शिक्षा का कोई क्रम निर्दिष्ट नहीं था और न सुव्यवस्थित विद्यालय ही स्थापित किये गये थें। मस्जिदों में ही मकतब खोलकर कुरान आदि की शिक्षा दी जाती थी। जहां देश में पहले संस्कृत की शिक्षा दी जाती थी वहीं अरबी ओर फारसी की शिक्षा दी जाने लगी थी।

मुस्लिम काल में तीन प्रकार की शिक्षा–संस्थाएं थी–

क) मकतब

ख) मस्जिदों से लगे हुए विद्यालय और

ग) मदरसे।

इनमें में प्रथम दो प्रकार की शिक्षण–संस्थाओं में प्राथमिक शिक्षा दी जाती थी। 'ताजुल मासीर' के लेखक सहन निजामी निशापुरी के अनुसार सुल्तान शिहाबुद्दीन मुहम्मद गोरो के अजमेर में

कई मदरसे स्थापित किये थे।

दिल्ली सल्तनत के वास्तविक प्रथम संस्थापक इल्तुतमिश ने दिल्ली में मदरसे की स्थापना की थी। ये मदरसे प्रायः किसी सुल्तान आदि के नाम से खोले जाते थे। मकतबों में गांव ओर मुहल्लों के छात्र प्रवेश लेकर इस्लामी शिक्षा ग्रहण करते थे। आरम्भ में बच्चे फारसी का ज्ञान प्राप्त करते थे। कुरान को तो छात्र प्रायः रटा करते थे। विद्यार्थियों के लिए अंकगणित, पत्रलेखन, नैतिक शिक्षा आदि की व्यवस्था थी। नैतिक विकास के लिए गुलिस्तां और बोस्तां भी पढ़ाये जाते थे।

मदरसों में उच्च शिक्षा दी जाती थी। इनमें अध्यापन करने के लिए योग्य व्यक्ति कभी–कभी बाहर के देशों से भी बुलाये जाते थे। 'शेख अब्दुल हक मुहद्दिस' के अनुसार सिकन्दर लोदी के अरबिया, पर्शिया तथा मध्य एशिया से भी विद्वानों को आमंत्रित किया था। 'शेख अब्दुल्ला' और शेख अजीजउल्ला' ऐसे ही बाहर से आंमत्रित विद्वान थे। सिकन्दर लोदी ने अपने सेनाधिकारियों को भी पढ़ना अनिवार्य कर दिया था। मदरसे प्रायः नगरों में होते थे।

इनमें अध्यापन करने वालों की नियुक्तियां राज्य की ओर से होती थी। मदरसों को राज्य की ओर से दान मिलता था। इल्तुतमिश के समय से लेकर सिकन्दर लोदी के समय तक मदरसों का एक निश्चित पाठ्यक्रम था। मदरसों का पाठ्यक्रम दो भागों में विभाजित था–धार्मिक और लौकिक। धार्मिक पाठ्यक्रम में कुरान तथा इस्लामी कानून के अध्ययन की विशेष महत्व दिया जाता था।

लौकिक पाठ्यक्रम में अरबी, फारसी, व्याकरण, गणित, इतिहास, भूगोल, साहित्य, यूनानी चिकित्सा, कृषि और ज्योतिष आदि विषय सम्मिलित थे। इनके अतिरिक्त कुछ संस्थाओं में वास्तुकला और शिल्पकला की भी शिक्षा दी जाती थी। अध्ययन–अध्यापन फारसी भाषा के माध्यम से होता था। प्रत्येक मदरसे के साथ अनुमानतः एक पुस्तकालय जुड़ा रहता होगा। अध्यापन मौखिक भाषा के माध्यम से

होता था, छोटी कक्षाओं में ही अध्यापक छात्रों को सुन्दर लिखने के लिए प्रोत्साहित किया करते थे। मुस्लिम शिक्षा में दण्ड का प्रावधान था। शैतान छात्रों को तथा अध्ययन में भूल करने वालों को लातों, घूँसों आदि से पीटा जाता था। बाड़ी बहुत गलती करने पर छात्र को मुर्गा बनाया जाता था। अच्छे छात्रों को पुरस्कार भी दिया जाता था।

मुस्लिम शिक्षा मुख्य रूप से धर्म प्रधान थी, परन्तु उसमें व्यावसायिक शिक्षा भी प्रदान की जाती थी। शिल्प की शिक्षा कारखानों में दी जाती थी। इस सम्बन्ध में डॉ. यूसुफ हुसैन ने लिखा है कि कारखाने केवल उत्पादन के साधन ही नहीं थे वरन् शिल्प छात्रत्व की प्रणाली के अनुसार युवकों को प्राविधिक और जीविका सम्बन्धी प्रशिक्षण देने के रूप में भी कार्य करते थे। वे व्यवसाय को सीखने के लिए किसी उस्ताद के शिष्य बना दिये जाते थे और कुछ समय बाद स्वयं दक्ष हो जाते थे। इस युग में प्रशिक्षण एवं उत्पादन दोनों कार्य साथ–साथ होते थे। ऐसा नहीं कहा जा सकता कि तब शिल्प या व्यवसाय की शिक्षा की व्यवस्था नहीं थी। बनियर ने इस सम्बन्ध में लिखा है कि बहुत से स्थानों पर बड़े कमरे देखने में आये जिन्हें दस्तकारों के कारखाने अथवा उद्योग शालाएँ कहते है। एक कमरे में कसीदेकारी का काम करने वाले एक आचार्य की निगरानी में अपने कार्य में सलग्न है। दूसरे कमरे में सुनार दीख पड़ते हैं, तीसरे में चित्रकार और चौथे में सुनहरी वस्तओं पर वार्निश करने वाले, पांचवें में जोड़ लगाने वाले, खराद पर काम करने वाले, दर्जी और मोची, छठे में रेशम, किमख्वाव और अच्छी मस्लिन एक कसीदाकार अपने पुत्र को कसीदाकारी के काम में दक्ष करता है, सुनार का लड़का सुनार बनता है और नगर का वैद्य अपने पुत्र को वैद्यक पढ़वाता है।

मध्य युग में औषधि विज्ञान और ज्योतिष की भी उन्नति हुई थी। मिर्जा राजा जयसिंह ने इस क्षेत्र में काफी कार्य कराया था। मिर्जा राजा जयसिंह ने जयपुर, दिल्ली, बनारस, उज्जैन, मथुरा में ज्योतिष सम्बन्धी वेघशालाएं स्थापित कराई। उन्हीं की प्रेरण एवं

प्रयास से अरबी के ज्योतिष के ग्रन्थों का संस्कृत में अनुवाद किया गया। जगनाथ नामक व्यक्ति ने **पटोलिमी** की अरबी में लिखित अल्माजिसट का सिद्धान्तसार कौस्तुभ नाम से अनुवाद किया। नसीरूद्दीन लूसी की ज्योतिष सम्बन्धी पुस्तक का भी संस्कृत में अनुवाद किया गया था।

इसी प्रकार चिकित्सा सम्बन्धी संस्कृत ग्रन्थों का फारसी भाषा में अनुवाद किया गया। आगरा और रामपुर में चिकित्सा–विज्ञान की शिक्षा दी जाती थी। संस्कृत ग्रन्थों के आधार पर दस्तूर–उल–अतिब्बा, तलिफ–ए–शरीफ तथा तुहफत–अलमोमिन नामक ग्रन्थ रचे गये थे।

सब प्रकार की शिक्षा की उन्नति के लिए पुस्तकालयों का बड़ा भारी महत्व होता है। मध्य युग में, विशेषतया मुगलकाल में मदरसों के साथ पुस्तकालयों की स्थापना की गई थी। पुस्तकालय का अध्यक्ष निजाम कहलाता था। विद्वान् लोग भी अपने निजी पुस्तकालय रखते थे। बनारस, तिरहुत, मिथिला, नदिया और अहमदाबाद आदि में अनेक बड़े पुस्तकालय थे। बनियर ने बनारस विश्वविद्यालय के पुस्तकालय का उल्लेख किया है। रहीम के पास एक बड़ा पुस्तकालय था। शेखफैजी के पास जो पुस्तकालय था, वह इतना बड़ा था कि उसमें 4600 पुस्तकें विद्यामान थीं। मुगल बादशाहों ने शाही पुस्तकालय के विकास में अपना योग दिया था।

स्त्री शिक्षा

मुस्लिम काल में स्त्रियों की शिक्षा के लिए अलग से व्यवस्था नहीं थी। छोटी उम्र में बालिकाएँ बालकों के साथ ही शिक्षा प्राप्त करती थी।

ऊँची कक्षाओं में उनकी शिक्षा के लिए कोई प्रबन्ध नहीं था। पर्दा प्रथा स्त्री शिक्षा के मार्ग में बहुत बाधा थी। बाल्यावस्था से आगे पर्दा के बन्धन के कारणा नारियों की शिक्षा प्रायः रूक जाती थी। स्त्री शिक्षा परिवार की आर्थिक स्थिति एवर्ग पर निर्भर करती थी। खेतों पर काम करने वाली स्त्रियां साधनों के अभाव में शिक्षा प्राप्त

नहीं कर पाती थी। उच्च वर्ग में मनुष्य नारियों की शिक्षा के लिए अलग से व्यवस्था करते थे। हिन्दू लोग नारी शिक्षा के लिए विशेष रूप से सजग थे। हिन्दुओं में देवलरानी, रूपमती, पद्मावती और मीरावाई विदूषी महिलाएँ थीं। इल्तुतमिश की पुत्री रजिया विदूषी थी। उसने योग्यता के बल पर शासन संभाला था। सुल्तान गियासुद्दीन के हरम में तो 15000 स्त्रियां थीं जो बड़ी ही कुशल थीं।

अध्याय – 8

सल्तनत काल में इतिहास लेखन एवं साहित्य

सल्तनत युग में साहित्य की कितनी वृद्धि हुई, इस सम्बन्ध में विद्वानों में मतभेद है। कुछ विद्वानों ने सल्तनत को सांस्कृतिक कार्यों की उन्नति के कारण सम्पन युग बताया है और कुद ने उस युग की सांस्कृतिक दृष्टि से उन्नति के बारे में आशंका व्यक्त की है। इस दूसरे मत वालों में डॉ. आशीर्वादीलाल का यह कथन दृष्टव्य है, 'जो राज्य साम्प्रदायिक था जो नम्न पशु–बल पर अवलम्बित था, जिसके कर्मचारी लगभग सभी विदेशी थे, जिसकी भाषा, संस्कृति, आदर्श यहाँ तक कि प्रेरणा भी विदेशी थी और जिसने इस देश की तथा 95 प्रतिशत जनता की भाषा, संस्कृति ओर आदर्शों की उपेक्षा तथा दमन किया, उसे संस्कृति सम्पन्न राज्य कहना एक ऐसा दावा है जिस पर सरलता से विश्वास नहीं किया जा सकता। आशीर्वादीलाल सुल्तानों को अक्षम, असभ्य, असभ्य तो नहीं मानते। जो भी हो इस युग में साहित्य के क्षेत्र में जो उन्नति हुई थी उसे नजरअन्दाज नहीं किया जाना चाहिए।

खुसरो एवं फारसी साहित्य

मुस्लिम काल में फारसी भाषा का बड़ा भारी महत्व था। मुसलमानों में साम्प्रदायिकता की भावना विद्यमान था उनमें अपने धर्म अपनी भाषा के प्रति विशष लगाव था। सुल्तानों ने फारसी भाषा में

साहित्य रचने के लिए विशेष सावधानी बरती थी। सलनतकालीन कवियों और विद्वानों की चचा करते समय जो नाम सबसे अधिक महत्व का प्रतीत होता है वह है अमीर खुसरो / खुसरो न केवल कवि एवं गायक अपितु एक प्रसिद्ध इतिहासकार भी था इसी कारण उसे अनेक सुल्तानों ने राज्याश्रय दिया था। **खुसरों** ने जिन ऐतिहासिक महत्व की घटनाओं का उल्लेख किया है उनमें से अधिकतर उसके जीवनकाल में घटित हुई थी। उसके प्रसिद्ध ग्रन्थों में तुगलकनामा, और खाजान–उल–फतूह प्रसिद्ध है। खुसरो का फारसी भाषा पर पूर्ण अधिकार था। फारसी लिखने वाले भारतीय लेखकों में उन्हें सबसे ऊँचा स्थान प्राप्त था। उन्होंने गद्य की खमसा पचगंज, शीरी व फरहाद, लैला व मजनूँ आदि पुस्तकें भी लिखीं।

डॉ. यूसुफ हुसैन ने खुसरो के बारें में लिखा है कि वह केवल एक कलाकार ही नहीं था जिसमें नवीन पद्धति का आविष्कार किया अपितु वह एक ऐसा पुरूष था जिसने कल्पना शक्ति को गुप्त मार्ग भी दिखाए। उसने भविष्य में उर्दू भाषा के विकास और उसके अन्तर्निहित मानवतावाद को पथ–प्रदर्शन किया। डॉ. ईश्वरीप्रसाद ने भी खुसरों की प्रशांसा की है।

उर्दू साहित्य

उर्दू का जन्म दिल्ली सल्तनत काल में हुआ। इस भाषा ने उत्तर मुगलकालीन बादशाहों के समय में भाषा के रूप में महत्व प्राप्त किया। प्रारम्भ में उर्दू को 'जबान–ए–हिन्दवी' कहा गया। अमीर खुसरो प्रथम विद्वान् कवि था, जिसने उर्दू भाषा को अपनी कविता का माध्यम बनाया। मुगल बादशाहों में मुहम्मद शाह 1719–1748 ई. प्रथम बादशाह था, जिसने उर्दू भाषा के विकास के लिए दक्षिण के कवि शम्सुद्दीन वली को अपने दरबार में बुलाकर सम्मानित किया। वली दकनी को उर्दू पद्य साहितय का जन्मदाता कहा जाता है। कालान्तर में उर्दू को 'रेख्ता' भी कहा गया। रेख्ता में गेसूदराज द्वारा लिखित पुस्तक 'मिरातुल आशरीन' सर्वाधिक प्राचीन है।

दारा शिकोह की रचनायें

दारा शिकोह ने स्वयं अपनी देखरेख में संस्कृत ग्रन्थ श्रीमद्भागवदगीता और श्योग वशिष्ठश का फारसी भाषा में अनुवाद कराया।

दारा का सबसे महत्त्वपूर्ण कृत्य वेदों को संकलन है।

दारा शिकोह ने मौलिक पुस्तक मज्म–उल–बहरीन (दो समुद्रो का संगम) की रचना की, जिसमें हिन्दू और इस्लाम धर्म को एक ही ईश्वर की प्राप्ति के दो मार्ग बताया गया है।

दारा ने स्वयं तथा काशी के कुछ संस्कृत पंडितों की सहायता से शबावन उपनिषदोंश का 'सिर–ए–अकबर' नाम से फारसी में अनुवाद कराया।

सूफीमत से सम्बन्धित ग्रन्थ

दारा शिकोह के सूफीमत से सम्बन्धित ग्रंथ निम्नलिखित हैं–

सफिनत–उल–औलिया – विभिन्न परम्पराओं के सूफियों के जीवन वृत्त।

सकीनत–उल–औलिया – भारत में कादिरी परम्परा के सूफियों का जीवन वृत्तांत।

हसनात–उल–आरफीन – विभिन्न मतों के संतों की वाणी का संकलन।

तरीकन–उल–हकीकध्त – आध्यात्मिक मार्ग के विभिन्न चरण।

रिसाला–ए–हमनुमा – सूफी प्रथाओं का वर्णन।

मुगल काल को गुप्तकाल के बाद का 'द्वितीय क्लासिकी युग' कहा जाता है। मध्यकाल में मुस्लिम समाज के शिक्षाविदों, धार्मिक व्यक्तियों, चिन्तकों व विचारकों का ध्यान शिक्षा की ओर गया। क्योंकि बिना अरबी भाषा के ज्ञान को प्राप्त किए आम मुसलमान न

तो कुरान को पढ़ या कण्ठस्थ कर सकता था, न शासन के नियमों को समझ सकता था और न मुहम्मद साहब द्वारा दिखाए गये मार्ग पर विधिवत् चल सकता था। उसके जीवन में शिक्षा का बड़ा महत्व था। इस काल में इस्लामी शिक्षा का सर्वांगीण विकास हुआ। शिक्षा का मुख्य आधार धर्म था।

सर्वप्रथम इस्लामी शिक्षा का लक्ष्य मुसलमानों में ज्ञान की वृद्धि करना था। मुहम्मद साहब के अनुसार ज्ञान प्राप्त करना एक कर्तव्य है और बिना उसकी मुक्ति नहीं मिल सकती।1 प्रत्येक मुसलमान पुरूष और स्त्री के लिए ज्ञान प्राप्त करना अनिवार्य है।2 मकतबों में बच्चो को प्रारम्भ से कुरान पढ़ायी जाती थी, जिससे उन्हें इस्लाम के मूल सिद्धान्तों के विषय में जानकारी हो सके।3 मुहम्मद साहब के अनुसार शिक्षा से बढ़कर कोई दूसरा उपहार नहीं है, जो माता–पिता अपने बच्चे को दे सकें।4 उनका कहना था कि 'विद्वान की स्याही शहीद के रक्त से अधिक पवित्र है।

इस्लामी शिक्षा का दूसरा लक्ष्य इस्लाम का प्रसार करना था। जबकि तीसरा लक्ष्य इस्लामी सिद्धान्तों के अनुसार सदाचार की एक विशिष्ट प्रणाली का विकास करना था। और इसका चौथा लक्ष्य भौतिक सुख प्राप्त करना था। लेकिन इसका सबसे बड़ा दोष यह था कि यह लोगों को उच्च पद प्राप्त करने के लिए प्रलोभन देता था। यही कारण था कि मुस्लिम शासक विद्यार्थियों को प्रशासन में सिपहसलार, काजी, वजीर आदि पदों पर नियुक्त करते थे।7 बहुत से हिन्दुओं ने भी उच्च पद प्राप्त करने की लालसा में फारसी भाषा का अध्ययन किया और उन्हें ऊँचे पदों पर रखा गया।

मध्य युग में शैक्षणिक कार्य प्रणाली, धर्माचार्यों और रहस्यवादियों द्वारा नियंत्रित की जाती थी। यही कारण था कि शिक्षण संस्थाओं में धार्मिक शिक्षा पर अधिक बल दिया जाता था।8 हजरत अब्दुल कुद्दूस गंगोही 'ज्ञानार्जन का लक्ष्य जीवन में अपने कर्तव्यों का पालन करना है। बिना ज्ञान के इस्लाम में वास्तविक आस्था नहीं हो सकती है। समस्त ज्ञान का लक्ष्य ईश्वर का प्रेम प्राप्त

करना है।

भारत में तुर्की सत्ता की स्थापना के उपरान्त मुसलमानों ने शिक्षा के प्रसार हेतु अनेक प्रकार की संस्थाओं जैसे कि मकतब, मदरसे, खानकाहों की स्थापना की। मुसलमान परिवारों में शिशु की शिक्षा विस्मिल्लाहखानी या मकतव संस्कार से प्रारम्भ होती थी। शिशु की आयु जब 4 वर्ष 4 माह 4 दिन की हो जाती थी तो उसके माता–पिता बड़े धूमधाम से विस्मिल्लाहखानी या अक्षर बोध का संस्कार मौलवी या काजी द्वारा सम्पन्न करवाते थे। इस अवसर पर शिशु से वर्णमाला का प्रथम अक्षर 'अलिफ', तख्ती पर लिखवाया जाता था। उसके बाद सम्पन्न परिवारों में शिशु को प्रारम्भिक शिक्षा देने के लिए शिक्षक नियुक्त किये जाते थे। इन शिशुओं का ज्ञान वर्ण माला, कुरान के पाठ, सुलेख व्याकरण आदि विषयों तक ही सीमित रहता था। इसके पश्चात् कुछ बड़े होने पर उन्हें साहित्य इतिहास तथा नीतिशास्त्र इत्यादि विषयों का अध्ययन करना पड़ता था। वे पदनामा, आमदनामा, मुलिस्ताँ, बोस्ताँ, हार–ए–दानिश तथा सिकन्दरनामा का अध्ययन करते थे। जो विद्यार्थी इसके उपरान्त शिक्षा नहीं ग्रहण करते थे उन्हें मुँशी तथा जो उच्च शिक्षा ग्रहण करते थे उन्हें मौलाना, मौलवी या फाजिल की पदवियाँ दी जाती थी। जो विद्यार्थी केवल अरबी की शिक्षा प्राप्त करते थे उन्हें कुरान के अतिरिक्त मुहम्मद साहब की जीवनी से सम्बन्धित ग्रन्थ, कुरान की टीकाएँ तसउफ्फ, दर्शन तथा अन्य विषयों का अध्ययन करना पड़ता था।

इस काल में शिक्षा प्रणाली में शिक्षा संस्थाओं का महत्वपूर्ण स्थान था। सम्पन्न परिवारों के घरों में बैठक में परिवार व आसपास के शिशु प्रारम्भिक शिक्षा प्राप्त करने के लिए आते थे। इस बैठक को मकतब कहते थे। इस मकतब के शिक्षक के भरण–पोषण का उत्तरदायित्व उस परिवार पर ही रहता था। जिन परिवारों के बच्चे वहाँ शिक्षा ग्रहण करने के लिए आते थे, वे भी उसकी आर्थिक सहायता करते थे।

शिक्षा का दूसरा केन्द्र मदरसा था। राज्य द्वारा स्थापित मदरसों को राज्य की ओर से वित्तीय सहायता मिलती थी। ताजुल मआसिर के रचयिता हसन निजामी के अनुसार मुहम्मद गौरी ने अजमेर में अनेक मदरसों की स्थापना की। भारत में यह मदरसे अपने ही ढंग के थे। लखनौती में मुहम्मद बिन बख्यियार खिल्जी ने अनेक मदरसों की स्थापना की। इल्तुतमिश ने मुहम्मद गौरी के नाम पर दिल्ली में मुइज्जी मदरसे की स्थापना की। इसी नाम का एक मदरसा बदायूँ में स्थापित हुआ। रजिया ने नासिरिया मदरसे की स्थापना दिल्ली में की व मिनहाज को उसका आचार्य नियुक्त किया। कड़ा के कवि मुतहर ने अपनी दीवान में लिखा है कि फिरोज शाह ने अनेक मदरसों की स्थापना की। उसने स्वयं दिल्ली के हौज–ए–खास के पास फिरोजशाही मदरसा देखकर उसका वर्णन किया। जलाउद्दीन रूमी इस मदरसे के प्राचार्य थे। वे कुरान को 7 नियमों से पढ़ सकते थे तथा 14 विधाएँ जानते थे। हदीस के पाँच प्रसिद्ध संग्रहों का उन्हें ज्ञान था। यहाँ के विद्यार्थियों को तफ्सीर, फिकह व हदीस पढ़ाया करते थे। सिकन्दर लोदी ने मथुरा व नरवर में मदरसों की स्थापना की। इसी काल में उसने सम्भल में मदरसा स्थापित किया तथा वहाँ शेख अब्दुल्लाह को प्राचार्य नियुक्त किया। इसी प्रकार देश के विभिन्न भागों में मुसलमान अमीरों व शासकों ने अनेक मदरसों की स्थापना की। शिक्षा का तृतीय महत्वपूर्ण केन्द्र सूफी सन्तों की खनकाह थी। अजमेर में शेख मुइउद्दीन चिश्ती की, खनकाह दिल्ली में शेख निजामुद्दीन औलिया की खनकाह सीदी मौला की खनकाह, शिक्षा के सुप्रसिद्ध केन्द्र थे।

इस काल के महान कवियों में अमीर खुसरो का नाम विशेष रूप से उल्लेखनीय है। उसकी पद्य में अनेक ऐतिहासिक रचनाएं भी उपलब्ध हैं जैसे (1) केरान–उस–सादैन (2) मिफता उल–फुतूह (3) देवल रानी व खिज्र खाँ (4) नुहसिपेहर। उसने गद्य में (1) एजाज–ए–खुसरवी (2) अफजल लफवायद (3) तथा खजा इन उल फूतूह की रचना की। अमीर खुसरों ने आठ वर्ष की आयु से कविता

लिखना प्रारम्भ किया। उसने तुर्की, फारसी, अरबी तथा हिन्दवी का गहन अध्ययन किया तथा फारसी के सभी कवियों की रचनाओं का भी अध्ययन किया।

पूर्व मध्यकाल में इतिहास लेखन की सही परम्परा का विकास सल्तनत काल से ही होता है। इस काल के प्रसिद्ध इतिहासकारों में ताजुल मासीर का रचयिता हसन–निजामी, तवकाते नासिरी के लेखक मिनहाज उस सिराज, तारीख–ए–फिरोज शाही व फतवाए जहाँदारी के लेखक जियाउद्दीन बरनी, फुतहउस सलातीन के लेखक एसामी, तारीख–ए–फिरोजशाही के लेखक अफीफ, तारीख–ए–मुबारकशाही के लेखक यहिया बिन अहमद सरहिन्दी, तारीफ–ए–मुहम्मदी के लेखक मुहम्मद विहमन्द खानी थे।

सल्तनत काल की भाँति मुगलकाल में भी मुस्लिम शिक्षा का मुख्य उद्देश्य आत्मा की शुद्धि, सन्तुलित आचरण, उत्तम व्यवहार व मानव के सभी गुणों का विकास करना था। मुगलकाल के शिक्षाविदों के विचार में इन उद्देश्यों की प्राप्ति केवल धार्मिक एवं नैतिक शिक्षा प्रदान करके ही की जा सकती थी। मुगल सम्राट स्वयं शिक्षित थे अतः उन्होंने शिक्षा के प्रसार की ओर विशेष रूप से ध्यान दिया। अकबर महान प्रथम मुगल सम्राट था जिसने शिक्षा प्रणाली में इस प्रकार के परिवर्तन किए कि धार्मिक एवं धर्म निरपेक्ष शिक्षा दोनों ही साथ–साथ दी जा सके।

पूर्वकाल की भांति मुगलकाल में भी शिक्षा के वही केन्द्र थे। बाबर स्वयं एक विद्वान और कवि था। उसकी आत्मकथा 'बाबरनामा' एक अद्वितीय ग्रन्थ है। लेकिन अपने अल्प शासनकाल में शिक्षा के प्रसार के लिये वह कुछ नहीं कर सका। हुमायूँ ने दिल्ली में एक बड़ा मदरसा बनवाया और शेख हुसैन को उसका प्राचार्य नियुक्त किया। हुमायूँ के मकबरे में भी एक मदरसा खोला गया। वह स्वयं भूगोल, गणित व ज्योतिष में रूचि रखता था।

हुमायूँ की मृत्यु के बाद अकबर ने शिक्षा के प्रसार के लिये

कार्य किया। यद्यपि वह पढ़ा–लिखा नहीं था, उसके समय में शिक्षा के सभी क्षेत्र में प्रगति हुई। उसने विद्वानों को सरकार की तरफ से वजीफे और जागीरें दीं। उसने सभी धार्मिक वर्गों के विद्वानों को प्रोत्साहन दिया। उसने अबुल फज्ल की सलाह से शिक्षा के विस्तार के लिये पाठ्यक्रम और नियमावली बनायी। उसने परम्परागत शिक्षा प्रणाली में सुधार किया और इस सम्बन्ध में राजकीय आदेश निकालें।

अकबर की शिक्षा नीति को उस समय के एक बड़े विद्वान् शीराजी ने प्रभावित किया। वह अनेक विषयों का ज्ञाता था, उसने दर्शनशास्त्र और मकूलात में विशेष योग्यता प्राप्त की थी। तकनीकी शिक्षा के विकास में उसका बहुत योगदान था। उसने बड़ी बन्दूक और तोप बनाने में लोहे को पक्का करके उसका उपयोग किया। उसकी रूचि छोटे बालकों को पढ़ाने में थी। अबुल फज्ल का पुत्र उसका शिष्य था।

शिराजी ने कारखानों में अपना प्रयोग किया और उसके द्वारा कारखानों की उत्पादन क्षमता में विकास हुआ। जेसुइट पादरी मांसरेट ने इन कारखानों की प्रशंसा की है। अकबर ने तकनीकी शिक्षा के विकास में व्यक्तिगत रूचि दिखलाई। उसने आगरा, फतेहपुर सीकरी और अन्य स्थानों पर मदरसे बनवायें। उसने बहुत सी संस्कृत की पुस्तकों का अनुवाद फारसी भाषा में कराया। उसके समय में हिन्दुओं ने अरबी और फारसी भाषाएँ सीखीं।

जहाँगीर स्वयं विद्वान् होकर भी शिक्षा का प्रेमी नहीं था। फिर भी उसने विद्वानों को प्रोत्साहन दिया। उसने चित्रकला के विकास में बहुत योगदान दिया। शाजहाँ स्वयं तुर्की भाषा में पारंगत था। उसके शासनकाल में एक प्रसिद्ध गणितज्ञ ने नक्षत्रों की एक तालिका बनाई और उलुगबेग द्वारा बनाई हुई पहले की तालिका में संशोधन किया। इसका नाम 'जिचे शाहजहाँनी' रखा। शाहजहाँ ने विद्वानों को संरक्षण दिया। उसके कृपापात्र विद्वानों में चन्द्रभान ब्राह्मण प्रमुख था जो एक उच्चकोटि का लेखक था। उसकी लिखी

हुई पुस्तक 'मेशाते ब्राह्मण' पाठ्यक्रम में बहुत दिनों तक रही। शाहजहाँ ने जिन दूसरे विद्वानों को संरक्षण प्रदान किया उनके नाम थे अब्दुल हकीम सियालकोटी, मुल्ला मुहम्मद काजिल और काजी मुहम्मद असलम। शाहजहाँ की पुत्री जहाँनारा बेगम ने आगरा की जामा मसजिद से संलग्न एक मदरसा खोला जो बहुत समय तक प्रख्यात रहा। शाहजहाँ का पुत्र दारा एक विद्वान् था। वह अरबी, फारसी और संस्कृत भाषाओं का ज्ञाता था। उसने उपनिषद्, भगवद्गीता, योग वाशिष्ठ का अनुवाद फारसी में किया। औरंगजेब ने शिक्षा के स्तर को ऊँचा उठाने के उद्देश्य से शिक्षा प्रणाली में सुधार किया। उसने पाठ्यक्रम को व्यावहारिक बनाया बहुत से मकतबों और मदरसों की स्थापना की और उनमें इस्लामी शिक्षा के प्रसार के लिए व्यवस्था की। उसने राज्य के ग्रन्थालय में बहुमूल्य पुस्तकों को रखवाया। वह पाठ्यक्रम में किसी ऐसी पुस्तक को नहीं रखना चाहता था जो उसके विचारों के प्रतिकूल है। उसके समय में शेख मुहीबुल्ला एलाहाबादी की पुस्तकें प्रचलित थी।

सल्तनल काल की भाँति मुगलकाल मे मुसलमान समाज ने कभी भी स्त्रियों की शिक्षा की ओर पर्याप्त ध्यान न दिया गया। स्त्रियों के लिए पर्दे में रहना अनिवार्य था। अतएव बाल्यावस्था में ही वे थोड़ी बहुत शिक्षा घर या मस्जिदों से संलग्न मकतबों में या व्यक्तिगत शिक्षिकाओं से ग्रहण कर सकती थीं। मुस्लिम समाज में केवल शाही परिवार की स्त्रियों को छोड़कर अन्य वर्गों की बालिकाओं या स्त्रियों को शिक्षा देने का चलन न था।

मुगल राज परिवार में सुशिक्षित महिलाओं में केवल गुलबदन बेगम, सलीमा, सुल्तान, नूरजहाँ, मुमताजमहल, जहाँनारा, जीनत उन्निसा बेगम आदि थीं। इनमें से गुलबदन बेगम, सलीमा सुल्तान, नूरजहाँ, मुमताज जेबुन्निसा के व्यक्तिगत पुस्तकाल्य थे। जिनमें विभिन्न विषयों पर पुस्तकें थीं। गुलबदन की कृति हुमायूँनामा ऐतिहासिक दृष्टि से महत्वपूर्ण थी परन्तु साहित्यिक दृष्टि से यह कृति साधारण थी। परन्तु सलीमा सुल्तान, नूरजहाँ व जेबुन्निसा की

रचनाएँ उच्च कोटि की थीं।

औरंगजेब की मृत्यु के बाद राजनैतिक अव्यवस्था हो गई, जिससे मुगलों की केन्द्रीय सरकार शिक्षा के प्रसार के लिए कुछ नहीं कर सकी।

फारसी साहित्य और मुस्लिम शिक्षा

दिल्ली के सुल्तान एवं अमीर तथा प्रान्तों के मुस्लिम शासक एवं सरदार स्वभावत फारसी में साहित्यिक कायों को प्रोत्साहित करते थे क्योंकि वे इसे अच्छी तरह समझते थे। अमीर खुसरो ने गर्व के साथ घोषित किया कि दिल्ली मध्य एशिया के प्रसिद्ध विश्वविद्यालय नगर बुखारा की बौद्धिक प्रतिद्वन्द्विनी बन गयी। भारत के तत्कालीन मुस्लिम शासक उन फारसी विद्वानों का संरक्षण किया करते थे, जो मगोलों के आक्रमणों के दबाव के कारण एशिया के भिन्न–भिन्न भागों से भागकर उनके दरबारों में एकत्र होते थे। उन्होंने दिल्ली, जालंधर, फ्रीरोजाबाद तथा अन्य स्थानों में मुस्लिम शिक्षा के लिए संस्थाएँ स्थापित कीं। उन्होंने पुस्तकालय स्थापित किए जिनमे सबसे महत्वपूर्ण दिल्ली राजकीय पुस्तकालय था, जिसका पुस्तकालयाध्यक्ष जलालुद्दीन खल्जी द्वारा नियुक्त किया गया अमीर खुसरो था। उन्होंने मुस्लिम साहित्य परिषदों की वृद्धि में भी योग दिया। सबसे प्रसिद्ध भारतीय विद्वान् जिसने इस युग में फारसी में लिखा था, अमीर खुसरो था। इस लेखक ने काफी लिखा। उसकी प्रतिभा काव्य, गद्य तथा संगीत में प्रस्फुटित हुई तथा उसे विधाता ने लम्बा जीवन प्रदान किया। वह सर्वप्रथम बलबक के शासन–काल में प्रसिद्धि को प्राप्त हुआ तथा सुल्तान के ज्येष्ठ पुत्र शाहजादा मुहम्मद का शिक्षक था। आगे चलकर वह अलाउद्दीन खल्जी का राजकवि बना। उसे ग्यासुद्दीन तुगलक का संरक्षण भी प्राप्त था।। 1324–1325 ई. में उसकी मृत्यु हुई। उस काल का एक दूसरा कवि, जिसकी ख्याति भारत के बाहर मानी जाती थी, शेख नज्मुद्दीन हसन था, जो हसए दिहलवी के नाम से प्रसिद्ध था।

पहला खल्जी शासक विद्या का संरक्षण करना नहीं भूला। उसका उत्तराधिकारी अलाउद्दीन भी इसका (विद्या का) उत्साही मित्र मालूम पड़ता है। बरनी हमें बतलाता है कि– सबसे आश्चर्यजनक वस्तु जो लोगों ने अलाउद्दीन के राज्यकाल में देखी वह सभी जातियों के महान् पुरुषों, प्रत्येक विज्ञान के विज्ञ तथा प्रत्येक कला के विशेषज्ञों की बहुतायत। दिल्ली राजधानी इन अद्वितीय महामेधावी पुरुषों की उपस्थिति से बगदाद की ईर्ष्या, काहिरा की प्रतिद्वन्द्विनी तथा कुस्तुनतुनिया की समकक्ष बन गयी थी। धर्मनिष्ठ एवं शिक्षित विद्वान् निजामुद्दीन औलिया तथा बहुत से अन्य विद्वान इसी राज्यकाल में हुए। ग्यासुद्दीन तुगलक भी विद्वानों को प्रोत्साहन देता था। अपनी काल्पनिक योजनाओं के बावजूद मुहम्मद–बिन–तुगलक जो स्वयं गुण–सम्पन्न व्यक्ति था, कवियों, नैयायिकों, दार्शनिकों तथा वैद्यों का धड़ल्ले से रक्षण करता था तथा उनके साथ अपने राज दरबार में वादविवाद किया करता था। उसके समय के साहित्यिक व्यक्तियों में सबसे प्रमुख मौलाना मुईनुद्दीन उमरानी था, जिसने हुसैनी, तलखीस तथा मिफताह पर भाष्य लिखे। फीरोज शाह ने, जो स्वयं फतुहाते–फीरोजशाही का लेखक था, शिक्षा के लिए बहुत उत्साह दिखलाया तथा बहुत–से कालेज स्थापित किये, जिनके साथ मस्जिदें लगी हुई थीं। उसके समय के विद्वान् पुरुषों में सबसे प्रसिद्ध थे काजी अब्दुल मुकतदिर शानिही, मौलाना ख्वाजगी तथा अहमद थानेश्वरी। लोदियों में सुल्तान सिकन्दर स्वयं कवि था तथा विद्या को बहुत प्रोत्साहन देता था।

बहमनी राज्य तथा दूसरे स्वतंत्र मुस्लिम वंशों– जैसे बीजापुर, अहमदनगर, गोलकुण्डा, मालवा, जौनपुर, बंगाल तथा मुल्तान तक–के वंशों के अधिकतर शासक भी विद्या के संरक्षक थे।

मुस्लिम लेखकों ने अध्ययन की एक वैसी शाखा में अपना कौशल दिखलाया, जिसकी हिन्दू अपेक्षाकृत उपेक्षा करते थे। उन्होंने सुन्दर गद्य में बहुत–से प्रथम श्रेणी के ऐतिहासिक ग्रंथ लिखे। इस प्रकार का एक ग्रंथ मिन्हाजुद्दीन की तबकाते–नासिरी है, जो इस्लामी

जगत् का सामान्य इतिहास है तथा जिसका नामकरण उसके एक आश्रयदाता सुल्तान नसिरुद्दीन के नाम पर हुआ था। अमीर खुसरो की ऐतिहासिक मसनवियाँ महत्त्वपूर्ण सूचनाओं से भरी हुई हैं और खासकर उसकी तारीखे अलाई, अलाउद्दीन खल्जी के राज्यकाल के पहले कुछ वर्षों के दिलचस्प वर्णन से परिपूर्ण है।

इस युग का सबसे प्रसिद्ध इतिहासकार जियाउद्दीन बरनी था, जो मुहम्मद बिन तुगलक तथा फीरोज शाह का समकालीन था। उस समय के दो और महत्त्वपूर्ण ऐतिहासिक ग्रंथ थे– शम्से–सिराज अफीफ की तारीखे–फीरोज शाही, जो फीरोज शाह के राज्यकाल में लिखी गयी तथा यहिया बिन अहमद सरहिन्दी की तारीखे–मुबारक शाही, जो मुहम्मद बिन तुगलक की मृत्यु के लगभग अस्सी वर्षों के बाद लिखी गयी तथा जिसका बाद के लेखकों ने धडल्ले से इस्तेमाल किया।

अब्बू हसन की कुछ कविताओं से हमें खिलजी वंश के इतिहासो के बारे में जानकारी मिलती है। यह भी खिलजी कालीन इतिहास की जानकारी हेतु महत्वपूर्ण श्रोत है। खिलजी वंश के पतन के तीस से 115 वर्ष के भीतर जो रचनाएँ की गई वे खिलजी वंश के बारे मे हमे एक ठोस जानकारी प्रदान करती हैं। ये रचनाएँ विवादासपद नही रही हैं बल्कि ये मान्यता प्राप्त एवं महत्वपूर्ण रचनाएँ हैं। हालाँकि थोड़े – बहुत विवाद समय – समय पर इन पर भी हुए हैं। ये 1349 की ईस्लामी महा काव्य हैं तथा जियाउदीन बरनी द्वारा लिखित कुछ रचनाएँ हैं जो 1357 की हैं। सन् 1434 में लिखी सिरहिंद की रचनाएँ भी इसी श्रेणी में आती हैं।

सदंर्भ ग्रंथ